Rainer Maria Rilke

# Über die Liebe und andere Schwierigkeiten

**HERDER / SPEKTRUM**

Band 5019

Das Buch

Rainer Maria Rilke, ein wirklich Erfahrener in Liebesdingen und auch in Liebesleiden. Ein Wanderer und Suchender, verheiratet mit der Bildhauerin Clara Westhoff, Vater einer Tochter. Seine Gedichte und seine Texte sprechen von allen Facetten der Liebe, von der Sehnsucht nach Zweisamkeit, nach dem Verschmelzen mit dem geliebten Gegenüber. Aber auch von der Vorsicht, der Distanz spricht er, von der Wahrung der eigenen Sphäre, vom Freiraum, der nötig ist, um sich entfalten zu können. Es geht darum, „mit dem Herzen zu denken", wie Rilke es selbst formuliert. Und darum, sich als Gleichberechtigte gegenüberzustehen. Das ist nicht ohne Schwierigkeiten, das Loslassen des anderen will eingeübt werden: Zahlreiche Texte Rilkes sprechen davon, auch von den Absetzbewegungen, den Rückzügen in die Natur, die notwendig sind, um zu sich selbst zu kommen und sich dann wieder einlassen zu können auf den anderen. Mit Liebe verbunden ist auch die Schwierigkeit, Veränderungen, Wandlungen und auch Trennungen anzunehmen. Für Rilke bedeutet dieses Loslassen auch, auf dem Weg zu sich selbst zu sein – und damit auch frei zu sein für die Bindung in der Liebe. Ein Buch mit den schönsten Texten über die Liebe eines beliebten Dichters.

Der Autor

Rainer Maria Rilke, geb. 1875 in Prag, gestorben 1926 in Valmont, Schweiz. Einer der größten deutschen Lyriker.
Die Herausgeberin: Stefanie Schröder hat Germanistik und Geschichte studiert. Zahlreiche Veröffentlichungen. Bei Herder/Spektrum: Paula Modersohn-Becker – Auf einem ganz eigenen Weg. Roman (Band 4431), Im Bann des Blauen Reiters. Das Leben der Gabriele Münter – Romanbiographie (Band 4567).

Rainer Maria Rilke

# Über die Liebe und andere Schwierigkeiten

Herausgegeben von
Stefanie Schröder

Herder
Freiburg · Basel · Wien

Gedruckt auf umweltfreundlichem,
chlorfrei gebleichtem Papier

Originalausgabe


Herstellung: Freiburger Graphische Betriebe 1998
Umschlaggestaltung: Joseph Pölzelbauer
Umschlagbild: Maurice Denis, La dormeuse, 1892 © VG Bild-Kunst,
Bonn 1997
ISBN 3-451-05019-6

# Inhalt

# Einleitung

Rainer Maria Rilke, von dem schon zu Lebzeiten gesagt wurde, daß er einer der größten deutschen Lyriker ist, wurde am 4. Dezember 1875 in Prag geboren. Schon mit achtzehn Jahren veröffentlichte er seine ersten Gedichtbände. 1896 verließ er Prag, um sich in München und Berlin literarisch zu betätigen. Reisen führten ihn bald nach Italien, nach Rußland und nach Worpswede bei Bremen. Hier lernte er die Bildhauerin Clara Westhoff kennen, die er 1901 heiratete und mit der er die Tochter Ruth bekam. Rilke führte ein unstetes Leben. *Ich bin Wanderer,* sagt er von sich. Er war immer auf der Suche nach dem Ort, wo er für sich sein konnte ohne Störungen von außen, er brauchte diesen Raum als Voraussetzung, um seine Kreativität frei entfalten zu können. Sein Unvermögen, Pflichten für andere dauerhaft zu übernehmen, belastete ihn jedoch. Er klagte, niemand könne sich an ihn halten, sein Kind sei bei fremden Leuten und seine Frau auf die Hilfe anderer angewiesen. Er versuchte sich zu rechtfertigen mit dem totalen Anspruch, den seine Kunst auf ihn erhob.

Rilke war bewunderter Gast auf den Schlössern und in den Familien vornehmster Adelsgeschlechter Europas, der aber fortging, sobald er sich vereinnahmt fühlte. Bedeutende Persönlichkeiten seiner Zeit lernte er kennen wie den Bildhauer Auguste Rodin, die Maler Paul Klee, Oskar Kokoschka. Er war zeitweilig befreundet mit den Malern der Worpsweder Künstlerkolonie, vor allem mit Heinrich Vogeler, Otto Modersohn und Paula Modersohn-Becker. Er hatte persönlichen Kontakt zu Dichtern wie Hugo von Hofmannsthal, Gerhart Hauptmann, Leo Tolstoi, André Gide, Paul Valéry. Rilke beherrschte mehrere europäische Sprachen. Er schrieb Gedichtzyklen auch in russisch und französisch.

Die letzten sieben Jahre seines Lebens hatte Rainer Maria Rilke seinen Wohnsitz in der Schweiz. Dort in Valmont bei Montreux starb er am 29. Dezember 1926 an Leukämie. Sein Grab befindet sich auf dem Friedhof in Raron im Kanton Wallis.

Die Liebe ist eins der zentralen Themen in Rilkes Werken. Noch in einer seiner letzten wichtigen Schöpfungen, in den ‚Duineser Elegien', befaßt er sich intensiv damit. *Sehnt es dich aber, so singe die Liebenden; lange noch nicht unsterblich genug ist ihr berühmtes Gefühl,* heißt es in der ersten Elegie.

Love, love, love tönt es heute rings um den Globus. Love stories gibt es und love parades. Liebesgedichte fand man, die schon vor mehr als viertausend Jahren in Keilschrift auf Tontafeln aufgezeichnet wurden. Eine babylonische Hofpoetin hatte sie dem König gewidmet.

Rainer Maria Rilke schreibt 1896 in seiner Erzählung ‚Ihr Opfer': *Die Dichter preisen die Liebe; und es muß doch etwas sein um ihre Macht. Ein Strahl der Sonne ist sie, der verklärt – sagen diese, – ein Gift, das berauscht, sagen jene.*

Diese Sprüche des Einundzwanzigjährigen und früheste Verse vom Verliebtsein lassen nur wenig ahnen von dem Ernst, mit dem Rilke schon bald seine Ansichten über die Liebe und ihre Schwierigkeiten äußert.

Welche Aussagen kann man von jemandem erwarten, der sagt, daß er Angst hat, geliebt zu werden, daß er lange Zeit im Zwiespalt lebte: Arbeit oder Liebe? Die Liebe ist ihm nicht das unbeschwert Glückliche, noch das Frohe, Friedliche, sie bedeutet Unruhe, Bedrängnis, sie bedeutet Sehnsucht, Leere, Enttäuschung, Schmerz. Gedanken, die aufhorchen machen. Sie sind heute aktuell in einer Zeit, die viele Beziehungskrisen kennt. Rilke wußte sehr wohl um den Widerspruch, einerseits jemanden zu brauchen und abhängig zu werden, andererseits unabhängig bleiben zu wollen. Er weiß, man braucht jemanden, den man lieben kann.

Rilke sieht die Liebe als Aufgabe. Sie soll ein fortwährendes Bemühen sein, Sensibilität zu entwickeln für die persönliche Sphäre des anderen. Es geht um Zugeständnisse. Jeder muß seinen Freiraum behalten dürfen, den er zu seiner Entfaltung braucht. Einer muß dem anderen den eigenen Weg gönnen. Rilke geht so weit, von *Schuld* zu sprechen, wenn einer *die Freiheit eines Lieben nicht mehrt.*

Er fragt: *Wie soll ich meine Seele halten, daß sie nicht an deine rührt?* und antwortet: *Weil ich dich niemals anhielt, halt ich dich fest.* Loslassen muß man lernen.

In Vers und Prosa spricht Rilke offene Probleme an. Da heißt es in seinem Tagebuchroman ‚Die Aufzeichnungen des Malte Laurids Brigge', daß man immerfort von Bildern umgeben sei, welche die Liebe als *Zerstreuung* darstellen. Sie wird zu einem Termin zwischen den Pflichten des Alltags. Aber Liebe kann nicht kalkuliert werden. Man kann sie nicht einplanen für einen bestimmten Zeitpunkt.

Die Liebe wird mich in einem einzigen kleinen Augenblick anrühren, in dem Moment, wo ich frei bin von berechnendem Kalkül, wo ich mich eingelassen habe auf das, was mich umgibt. Wenn ich versuche, *mit dem Herzen zu denken.*

In diesem Moment beginnt die erste Phase der Liebe. Das prickelnde Aufeinander-Zugehen, der Funke, der überspringt. *Ein Händeineinanderlegen, ein langer Kuß auf kühlen Mund, ... lieben ist leben!*

Wunschtraum der Liebenden wird es, mit dem geliebten Partner die Welt erfahren, gleich fühlen, gleich denken, das gleiche tun, um sagen zu können: *Alles, was uns anrührt, dich und mich, nimmt uns zusammen wie ein Bogenstrich, der aus zwei Saiten eine Stimme zieht.*

Ein Trugschluß, Liebe bedeutet nicht, in allen Bedürfnissen völlig übereinzustimmen, was der eine will, wolle auch der andere. Die Einziggeliebte, der Einziggeliebte garantiere das persönliche Glück. Liebe ist kein Ineinander-Aufgehen. Und die Ehe ist kein Paradies ohne Konflikte. Die wahre Liebe vertuscht Konflikte nicht. Sie wird aber das Gespräch suchen. Man schreibt 1901, als Rilke das bereits in seinem Gedicht ‚Ehe' darstellt. Mann und Frau sprechen miteinander über ihre Probleme.

Ein Vertrag sei die Ehe, heißt es heute in vielen Abhandlungen. Zwei Menschen vereinbaren, sich nach besten Kräften unterstützen zu wollen, dem anderen das Leben nicht schwerer zu machen, als es ist. Der Dichter Rilke würde hinzufügen, die wahrhaft Liebenden schützen einander. Er hat das einmal so ausgedrückt: *Um die Liebenden ist lauter Sicherheit.* Den jungen Malte läßt er sagen: *Lieben ist Leuchten mit unerschöpflichem Öle.*

Rilke, der die Sinnlichkeit bejaht, sich vom Eros gern anrühren läßt, verkündet, daß sein persönliches Verhalten in Liebesbeziehungen nicht für jedermann sei. Er sagt das im Gefühl des auserwählten Künstlers. Zwar will er lieben und geliebt werden, aber nur solange, wie die Liebe nicht seine Zeit und Kraft verbraucht. In seinem ‚Testament' von 1920/21 stellt er fest: *Mein Leben ist eine besondere Art Liebe, ... da ja, wie ich nun ein für alle Mal erfuhr, meine Arbeit Liebe ist. ... So erscheint das Liebeserlebnis als eine gleichsam verkümmerte unfähige Nebenform der schöpferischen Erfahrung.*

Der Weg von der Kindheit ins Dasein des Erwachsenen ist nicht leicht. Erinnerungen an frühe Erlebnisse, das Bild, das man von sich selbst hat, beflügeln oder blockieren das Schritttempo. Emanzipieren heißt, sich die Vergangenheit vor Augen führen, Fragen stellen, welche Beweggründe es gab für das eigene Tun. Welche Wünsche man hat für die Zukunft. Rilke, der im Alter von acht Jahren die Trennung seiner Eltern erlebte und mit elf Jahren deren Scheidung, beschäftigt sich auffallend oft mit der Kindheit, oft mit Fragen nach dem eigenen Standort. *Wir suchen einen Spiegel, wir möchten das Falsche abnehmen und wirklich sein.*

Ein junger Dichter, mit dem Rilke eine Zeitlang korrespondierte, fühlt sich unfrei. Er ist einer von denen, die sich ständig Einflüssen ausgesetzt sehen, unter denen sie sich nicht entwickeln können. Rilke kennt das aus eigener Erfahrung. Er hat es oft durchstehen müssen, schon als Kadett auf Militärrealschulen. Fremdbestimmt nennt man solches Dasein. Im Tagtäglichen fühlt man deutlich, wie Menschen manipuliert werden von allen möglichen Gegebenheiten.

Einen Rückzug nach innen antreten, rät Rilke dem jungen Mann. Seine ganze Aufmerksamkeit solle er auf seine inneren Stimmen verwenden, auf seine Fantasie. Nur stark genug müßten die Bilder sein, um Halt geben zu können.

Daneben beschreibt Rilke Schicksale, die zu einem Dasein in Isolation verurteilen. So erzählt er von Blinden, von Waisen. Sie fühlen sich ungeliebt, unverstanden, abgelehnt, wertlos. Sie zählen sich zu den ewig Verlierenden. *Wer spricht von Siegen?* fragt Rilke. *Überstehn ist alles.* Im geduldigen Annehmen, sogar im Annehmen der Ungeduld wird Gelassenheit gefunden.

Oft schildert Rilke in seinen Dichtungen Großstädte, Zusammenballungen von Menschenmassen. Trotzdem lebt man isoliert, und zur Arbeit besteht keine gefühlsmäßige Bindung. Rilke verurteilt die Großstädte wegen ihrer Unnatürlichkeit. Die technisierte Welt mit ihren unüberschaubaren Verfahren und Produkten verwirre den einzelnen, lasse ihn Abwehrhaltung einnehmen.

Zu diesem rationalisierten, kopflastigen und dazu anonymen Umfeld muß unbedingt ein Gegengewicht gefunden werden. Eines Tages, zu irgendeiner Stunde muß man sich absetzen, von den *Treibenden* fort. Immer wieder beschreibt Rilke Momente dieses Ausstiegs. Hinausgehen in die Alleen, in die Gärten, ein Kunstwerk betrachten, ein Buch lesen. Bei einem Spaziergang wie in dem Gedicht ‚Aus einem April' läßt Rilke Erde und Gras unter den Füßen spüren, die letzten Tropfen eines feinen leichten Regens auf dem Gesicht. Sonnenstrahlen nimmt man wahr auf dem Acker, Lerchen, die hochsteigen. Fern sind die Häuser, die Orte, die einzwängen, die die Seele verwunden. Man vergißt, wo man ist. Ruhe und Leichtigkeit kehren ein.

Das Verlangen nach Beziehungen ist auf die Natur übertragen. Hier kann man sich zugehörig fühlen zu einer Welt, in der alle Wesen angenommen sind. Dieses Einssein vermittelt Geborgenheit. Rilke will sich so tief einfühlen in eine Blume, in ein Tier, in ein Kunstwerk, daß er teil hat an deren Existenz.

Heutzutage spricht man in solchem Fall von Absetzbewegung, die eine vertiefte Sensibilität gibt, ein gesteigertes Lebensgefühl. Man lebt in einem meditativen Zustand, in dem die Sinne auf neue Art wachwerden.

Allein sein, einsam sein, Rilke weiß um die Bedeutung der Einsamkeit. Einsamkeit ist ein Merkmal unserer menschlichen Existenz. Im Grunde ist jeder allein. Jeder lebt sein eigenes

Geschick. Immer wieder wird uns das bewußt gemacht, bei Trennungen, beim Tod. Und es ist eine leidvolle Erfahrung. Einsamkeit, die von außen auferlegt wird, kann schrecklich sein.

Daneben aber gibt es die schöpferische Einsamkeit, ohne die wir nicht leben möchten. Sie ist das notwendige Alleinsein, in der wir unsere Persönlichkeit entfalten können. Einsamkeit kann uns helfen, über uns nachzudenken. Wir lenken unser Augenmerk auf unsere innere Erfahrungswelt, auf ureigenste Gedanken, Erinnerungen. Neue Kräfte können mobilisiert werden. Keine Künstlerin, kein Künstler kommt aus ohne diese Einsamkeit.

Seine eigene Einsamkeit suchen und annehmen und die des anderen respektieren, das meint Rilke und bemerkt dazu in seinem Gedicht ‚Ehe': *Die Welt wird dadurch weiter, wenn ein Zweiter nicht gleich nebenan beginnt.*

Auch Dinge, Ereignisse, Zustände, sowie Tiere, Blumen, Kunstwerke will Rilke in einem ihnen eigenen Freiraum sehen, in einer Hülle aus Einsamkeit. Mit seiner Sprache will er diese Hülle durchdringen, um die Gebärden dahinter, die Formen auszuleuchten. Er will sie sichtbar, aber unantastbar machen. Er will die Dinge neu benennen. Unsagbares möchte er sagen. Das ist schwer. Rilke weiß darum und bemerkt: *Die Dinge, die wir erleben, lassen sich oft nicht ausdrücken, und wer sie dennoch erzählt, muß notwendig Fehler machen.*

Wieviel Konfliktstoff liegt im Wort! Wie schwer ist es, Freude, Traurigkeit, Unglück so auszudrücken, daß man sich selbst Klarheit verschafft, daß man von anderen richtig verstanden wird. Schweigen muß der wichtigste Part in einem Streitgespräch sein. Rilke erzählt in dem Gedicht ‚Ehe', wie die Partner ihre Diskussion mit Schweigen einleiten. Viel wird zerredet. Leichtsinnig wird mit Worten umgegangen. Die Wand, jemanden zu verletzen, ist dünn.

‚Du bist zeitlebens für das verantwortlich, was du dir vertraut gemacht hast.' Dieser Ausspruch Antoine de Saint-Exupérys in seiner Erzählung ‚Der kleine Prinz' wurde zum geflügelten Wort. Ungefähr vierzig Jahre früher als Saint-Exupéry, um 1900, schrieb Rainer Maria Rilke über die Verantwortung, daß sie eine schwere Aufgabe sei, die lang und gut überlegt sein will, ehe man sie übernimmt. Meistens mißlinge sie. Sollte man also, um einem Versagen von vorneherein aus dem Weg zu gehen, niemanden sich vertraut machen, wie Rilke empfiehlt? Weder einen Menschen, noch ein Tier?

Immer wieder hat man Schwierigkeiten zu überwinden. Aber es gibt die Hoffnung, es gibt das Wünschen, das man nie aufgeben soll. Es gibt die Geborgenheit. Rilke erzählt von der Mutter, die Geborgenheit vermittelt. Er spricht von der Geborgenheit, die derjenige erfährt, der sich im Einklang mit der Welt fühlt. Der ist geborgen, der voll Vertrauen sagen kann: *Ein jedes Ding ist überwacht von einer flugbereiten Güte.*

Auf dem Weg zu sich selbst sein. Das heißt, Abschied nehmen müssen. Abschied ist eine Grunderfahrung des menschlichen Lebens. Wir müssen uns immer wieder lösen. Ein Leben lang heißt es, sich ablösen und für neue Bindungen, für neue Situationen bereit zu sein. Es beginnt bei der Geburt und endet mit dem Tod. *Denn Bleiben ist nirgends.*

Mit der Schwierigkeit des Abschiednehmens müssen wir umgehen lernen. *Wolle die Wandlung!* sagt Rilke. Das heißt, Veränderungen, Trennungen annehmen, ertragen, sie zulassen als einen Bestandteil des Lebens. Loslassen lernen. Den

Abschied verinnerlichen, so daß er nicht unvorbereitet und plötzlich überfällt. *Sei allem Abschied voran, als wäre er hinter dir, wie der Winter, der eben geht.* Auch der letzte Abschied, das Gehen-Müssen soll im voraus angenommen werden, um unabhängig und frei zu werden gegenüber dem Schicksal.

Aufbruch, Veränderungen, Unruhe. Unsere Worte des Tages sind auch Rilkes Worte. Er verwendet sie als der Künstler, der aufbricht aus der Welt des Alltags in die Welt der Kunst. Wenn er von *Schonzeit* spricht, die im Jagen und Treiben in der Hektik des Alltags wichtig wird, wenn er auf Selbstfindung hinweist, behandelt er Themen, die heute besondere Aktualität haben. Rilkes Dichtungen fordern heraus. Mit seinen Sprachbildern, die nicht immer leicht zu deuten sind, eröffnet er uns neue Welten.

Es gibt den Abschied. Es gibt den Tod. Es gibt die Sehnsucht und die Geborgenheit. Die Einsamkeit gibt es und das Schweigen. Es gibt das Alleinsein und die Zweisamkeit.

Es gibt die Liebe.

*Immer wieder gehn wir zu zweien hinaus unter die alten Bäume, lagern uns immer wieder zwischen die Blumen, gegenüber dem Himmel.*

# Vom Verliebtsein

…, lieben ist leben!

*(aus dem Gedicht: Komm, schönes Kind)*

Zwei Menschen, die das gleiche Glück leben,
finden sich schnell.

*(aus: Heiliger Frühling)*

In jener Zeit dämmert keine Frage auf in ihrer Brust,
keine Sorge, kein Bangen bewölkt den Spiegel ihrer Seele.
Sie lebt eine einzige, große, jauchzende Gegenwart, die keine
Vergangenheit kennt, vor keiner Zukunft erbebt.

*(aus: Ihr Opfer)*

Ein Händeineinanderlegen,
ein langer Kuß auf kühlen Mund,
und dann: auf schimmerweißen Wegen
durchwandern wir den Wiesengrund.

Durch leisen, weißen Blütenregen
schickt uns der Tag den ersten Kuß, –
mir ist: wir wandeln Gott entgegen,
der durchs Gebreite kommen muß.

Ich weiß nicht, wie mir geschieht …
Weiß nicht, was Wonne ich lausche,
mein Herz ist fort wie im Rausche,
und die Sehnsucht ist wie ein Lied.

Und mein Mädel hat fröhliches Blut
und hat das Haar voller Sonne
und die Augen von der Madonne,
die heute noch Wunder tut.

Einen Maitag mit dir beisammen sein,
und selbander verloren ziehn
durch der Blüten duftqualmende Flammenreihn
zu der Laube von weißem Jasmin.

Und von dorten hinaus in den Maiblust schaun,
jeder Wunsch in der Seele so still …
Und ein Glück sich mitten in Mailust baun,
ein großes, – das ists, was ich will …

## EINLADUNG

Sieh, wir wollen heute beim Altane
uns begegnen, wenn der Abend naht,
und ich will dir eine Siziliane
langsam lesen, Worte von Brokat.

Und wenn sie vergangen ist wie Fernes,
sollst du wieder nur ein leises Regen
durch den Wendekreis des ersten Sternes
gehen hören – Nächtigem entgegen.

Nur Geräusche, die dich nicht erschrecken,
und die Wasser sollen wieder sein,
und die Fransen schwarzer Efeudecken
niederhängen vom Geländerstein.

Will dir den Frühling zeigen,
der hundert Wunder hat.
Der Frühling ist waldeigen
und kommt nicht in die Stadt.

Nur die weit aus den kalten
Gassen zu zweien gehn
und sich bei den Händen halten –
dürfen ihn einmal sehn.

Bei dir ist es traut:
Zage Uhren schlagen
wie aus weiten Tagen.
Komm mir ein Liebes sagen –
aber nur nicht laut.

Ein Tor geht irgendwo
draußen im Blütentreiben.
Der Abend horcht an den Scheiben.
Laß uns leise bleiben:
Keiner weiß uns so.

## DIE LIEBENDE

Das ist mein Fenster. Eben
bin ich so sanft erwacht.
Ich dachte, ich würde schweben.
Bis wohin reicht mein Leben,
und wo beginnt die Nacht?

Ich könnte meinen, alles
wäre noch Ich ringsum;
durchsichtig wie eines Kristalles
Tiefe, verdunkelt, stumm.

Ich könnte auch noch die Sterne
fassen in mir; so groß
scheint mir mein Herz; so gerne
ließ es ihn wieder los

den ich vielleicht zu lieben,
vielleicht zu halten begann.
Fremd, wie niebeschrieben
sieht mich mein Schicksal an.

Was bin ich unter diese
Unendlichkeit gelegt,
duftend wie eine Wiese,
hin und her bewegt,

rufend zugleich und bange,
daß einer den Ruf vernimmt,
und zum Untergange
in einem Andern bestimmt.

Das war der Tag der weißen Chrysanthemen, –
mir bangte fast vor seiner schweren Pracht …
Und dann, dann kamst du mir die Seele nehmen
tief in der Nacht.

Mir war so bang, und du kamst lieb und leise, –
ich hatte grad im Traum an dich gedacht.
Du kamst, und leis wie eine Märchenweise
erklang die Nacht …

## PRIMA-VERA

Erste Rosen erwachen,
und ihr Duften ist zag
wie ein leisleises Lachen:
flüchtig mit schwalbenflachen
Flügeln streift es den Tag.

Und wohin du langst,
da ist Alles noch Angst.

Jeder Schimmer ist scheu,
und kein Klang ist noch zahm,
und die Nacht ist zu neu,
und die Schönheit ist Scham …

Du mußt das Leben nicht verstehen,
dann wird es werden wie ein Fest.
Und laß dir jeden Tag geschehen
so wie ein Kind im Weitergehen
von jedem Wehen
sich viele Blüten schenken läßt.

Sie aufzusammeln und zu sparen,
das kommt dem Kind nicht in den Sinn.
Es löst sie leise aus den Haaren,
drin sie so gern gefangen waren,
und hält den lieben jungen Jahren
nach neuen seine Hände hin.

# ICH LIEB EIN PULSIERENDES LEBEN

Ich lieb ein pulsierendes Leben,
das prickelt und schwellet und quillt,
ein ewiges Senken und Heben,
ein Sehnen, das niemals sich stillt.

Ein stetiges Wogen und Wagen
auf schwanker, gefährlicher Bahn,
von den Wellen des Glückes getragen
im leichten, gebrechlichen Kahn ....

Und senkt einst die Göttin die Waage,
zerreißt sie, was mild sie gewebt, –
ich schließe die Augen und sage:
Ich habe geliebt und gelebt!

# Von der Sehnsucht

Vergiß nie, dir etwas zu wünschen. Wünschen, das soll man nicht aufgeben. Ich glaube, es giebt keine Erfüllung, aber es giebt Wünsche, die lange vorhalten, das ganze Leben lang, so daß man die Erfüllung doch gar nicht abwarten könnte.

*(aus: Die Aufzeichnungen des Malte Laurids Brigge)*

Glaubt mir, es kommt darauf an, daß man einmal im Leben einen … Frühling hat, der einem soviel Licht und Glanz in die Brust senkt, daß es ausreicht, alle ferneren Tage damit zu vergolden …

*(aus: Heiliger Frühling)*

## GESTÄNDNIS

Gesteh, – du hast von einem Lenz geträumt,
von einer Welt voll lichter Ideale,
als in des Lebens schimmerndem Pokale
der Glutentrank der Jugend noch geschäumt.

Mein armes Herz! Du hast dein Glück versäumt,
die trüben Tage kommen, – und – vergehen ...
und willst du's selbst auch nicht mehr eingestehen,
nicht wahr, du hast von einem Lenz geträumt?

*Mädchen singen:*

Wir haben lange im Licht gelacht,
und jede hat einer jeden
Nelken und Reseden
festlich wie einer Braut gebracht –
und war ein Rätseln und Reden.

Dann hat sich mit dem Namen der Nacht
langsam die Stille besternt.
Da waren wir wie aus allem erwacht
und weit voneinander entfernt:
haben die Sehnsucht, die traurig macht,
wie ein Lied gelernt …

## ÜBUNG AM KLAVIER

Der Sommer summt. Der Nachmittag macht müde;
sie atmete verwirrt ihr frisches Kleid
und legte in die triftige Etüde
die Ungeduld nach einer Wirklichkeit,

die kommen konnte: morgen, heute abend –,
die vielleicht da war, die man nur verbarg;
und vor den Fenstern, hoch und alles habend,
empfand sie plötzlich den verwöhnten Park.

Da brach sie ab; schaute hinaus, verschränkte
die Hände; wünschte sich ein langes Buch –
und schob auf einmal den Jasmingeruch
erzürnt zurück. Sie fand, daß er sie kränkte.

An der sonngewohnten Straße, in dem
hohlen halben Baumstamm, der seit lange
Trog ward, eine Oberfläche Wasser
in sich leis erneuernd, still' ich meinen
Durst: des Wassers Heiterkeit und Herkunft
in mich nehmend durch die Handgelenke.
Trinken schiene mir zu viel, zu deutlich;
aber diese wartende Gebärde
holt mir helles Wasser ins Bewußtsein.

Also, kämst du, braucht ich, mich zu stillen,
nur eine leichtes Anruhn meiner Hände,
sei's an deiner Schulter junge Rundung,
sei es an den Andrang deiner Brüste.

Du im Voraus
verlorne Geliebte, Nimmergekommene,
nicht weiß ich, welche Töne dir lieb sind.
Nicht mehr versuch ich, dich, wenn das Kommende wogt,
zu erkennen. Alle die großen
Bilder in mir, im Fernen erfahrene Landschaft,
Städte und Türme und Brücken und un-
vermutete Wendung der Wege
und das Gewaltige jener von Göttern
einst durchwachsenen Länder:
steigt zur Bedeutung in mir
deiner, Entgehende, an.

Ach, die Gärten bist du,
ach, ich sah sie mit solcher
Hoffnung. Ein offenes Fenster
im Landhaus –, und du tratest beinahe
mir nachdenklich heran. Gassen fand ich, –
du warst sie gerade gegangen,
und die Spiegel manchmal der Läden der Händler
waren noch schwindlich von dir und gaben erschrocken
mein zu plötzliches Bild. – Wer weiß, ob derselbe
Vogel nicht hinklang durch uns
gestern, einzeln, im Abend?

## BEGEGNUNG IN DER KASTANIEN-ALLEE

Ihm ward des Eingangs grüne Dunkelheit
kühl wie ein Seidenmantel umgegeben
den er noch nahm und ordnete: als eben
am andern transparenten Ende, weit,

aus grüner Sonne, wie aus grünen Scheiben,
weiß eine einzelne Gestalt
aufleuchtete, um lange fern zu bleiben
und schließlich, von dem Lichterniedertreiben
bei jedem Schritte überwallt,

ein helles Wechseln auf sich herzutragen,
das scheu im Blond nach hinten lief.
Aber auf einmal war der Schatten tief,
und nahe Augen lagen aufgeschlagen

in einem neuen deutlichen Gesicht,
das wie in einem Bildnis verweilte
in dem Moment, da man sich wieder teilte:
erst war es immer, und dann war es nicht.

Dorthin mein Sehnen flieht
da wo du bist,
wenn sich von Tränen müd
mein Auge schließt.

Dann ist, als lösten sich
die Leiden schwer,
als kämst zu trösten mich
du zu mir her.

Aber noch kaum gestillt
Sehnsucht mir schien,
flieht schon dein Traumgebild,
muß es denn fliehn?

## DER APFELGARTEN

*Borgeby-Gård*

Komm gleich nach dem Sonnenuntergange,
sieh das Abendgrün des Rasengrunds;
ist es nicht, als hätten wir es lange
angesammelt und erspart in uns,

um es jetzt aus Fühlen und Erinnern,
neuer Hoffnung, halbvergeßnem Freun,
noch vermischt mit Dunkel aus dem Innern,
in Gedanken vor uns hinzustreun

unter Bäume wie von Dürer, die
das Gewicht von hundert Arbeitstagen
in den überfüllten Früchten tragen,
dienend, voll Geduld, versuchend, wie

das, was alle Maße übersteigt,
noch zu heben ist und hinzugeben,
wenn man willig, durch ein langes Leben
nur das Eine will und wächst und schweigt.

Ich liebe vergessene Flurmadonnen,
die ratlos warten auf irgendwen,
und Mädchen, die an einsame Bronnen,
Blumen im Blondhaar, träumen gehn.

Und Kinder, die in die Sonne singen
und staunend groß zu den Sternen sehn,
und die Tage, wenn sie mir Lieder bringen,
und die Nächte, wenn sie in Blüten stehn.

Träume, die in deinen Tiefen wallen,
aus dem Dunkel laß sie alle los.
Wie Fontänen sind sie, und sie fallen
lichter und in Liederintervallen
ihren Schalen wieder in den Schooß.

Und ich weiß jetzt: wie die Kinder werde.
Alle Angst ist nur ein Anbeginn;
aber ohne Ende ist die Erde,
und das Bangen ist nur die Gebärde,
und die Sehnsucht ist ihr Sinn –

Das ist mein Streit:
Sehnsuchtgeweiht durch alle Tage schweifen.
Dann, stark und breit,
mit tausend Wurzelstreifen
tief in das Leben greifen –
und durch das Leid
weit aus dem Leben reifen,
weit aus der Zeit!

# Herzenssache Liebe

Ich wills nie vergessen, wie das war,
wenn du mich anschautest. Wie du dein Schauen trugst,
gleichsam wie etwas nicht Befestigtes es aufhaltend
auf zurückgeneigtem Gesicht.
Ach, ob das Klima sich gar nicht verändert hat?
Ob es nicht milder geworden ist um Ulsgaard herum von
all unserer Wärme? Ob einzelne Rosen nicht länger blühen
jetzt im Park, bis in den Dezember hinein?

*(aus: Die Aufzeichnungen des Malte Laurids Brigge)*

Es ist gleichwohl möglich, ... mit dem Herzen zu denken.

*(aus: Die Aufzeichnungen des Malte Laurids Brigge)*

## LIEBESANFANG

O Lächeln, erstes Lächeln, unser Lächeln.
Wie war das Eines: Duft der Linden atmen,
Parkstille hören –, plötzlich in einander
aufschaun und staunen bis heran ans Lächeln.

In diesem Lächeln war Erinnerung
an einen Hasen, der da eben drüben
im Rasen spielte; dieses war die Kindheit
des Lächelns. Ernster schon war ihm des Schwanes
Bewegung eingegeben, den wir später
den Weiher teilen sahen in zwei Hälften
lautlosen Abends. – Und der Wipfel Ränder
gegen den reinen, freien, ganz schon künftig
nächtigen Himmel hatten diesem Lächeln
Ränder gezogen gegen die entzückte
Zukunft im Antlitz.

Und du warst schön. In deinem Auge schien
sich Nacht und Sonne sieghaft zu versöhnen.
Und Hoheit hüllte wie ein Hermelin
dich ein: So kam dich meine Liebe krönen.
Und meine nächteblasse Sehnsucht stand,
weißbindig wie der Vesta Priesterin,
an deines Seelentempels Säulenrand
und streute lächelnd weiße Blüten hin.

Lösch mir die Augen aus: ich kann dich sehn,
wirf mir die Ohren zu: ich kann dich hören,
und ohne Füße kann ich zu dir gehn,
und ohne Mund noch kann ich dich beschwören.
Brich mir die Arme ab, ich fasse dich
mit meinem Herzen wie mit einer Hand,
halt mir das Herz zu, und mein Hirn wird schlagen,
und wirfst du in mein Hirn den Brand,
so werd ich dich auf meinem Blute tragen.

## DIE LIEBENDE

Ja ich sehne mich nach dir. Ich gleite
mich verlierend selbst mir aus der Hand,
ohne Hoffnung, daß ich Das bestreite,
was zu mir kommt wie aus deiner Seite
ernst und unbeirrt und unverwandt.

... jene Zeiten: O wie war ich Eines,
nichts was rief und nichts was mich verriet;
meine Stille war wie eines Steines,
über den der Bach sein Murmeln zieht.

Aber jetzt in diesen Frühlingswochen
hat mich etwas langsam abgebrochen
von dem unbewußten dunkeln Jahr.
Etwas hat mein armes warmes Leben
irgendeinem in die Hand gegeben,
der nicht weiß was ich noch gestern war.

# DIE STILLE

Hörst du, Geliebte, ich hebe die Hände –
hörst du: es rauscht …
Welche Gebärde der Einsamen fände
sich nicht von vielen Dingen belauscht?
Hörst du, Geliebte, ich schließe die Lider,
und auch *das* ist Geräusch bis zu dir.
Hörst du, Geliebte, ich hebe sie wieder …
… aber warum bist du nicht hier.

Der Abdruck meiner kleinsten Bewegung
bleibt in der seidenen Stille sichtbar;
unvernichtbar drückt die geringste Erregung
in den gespannten Vorhang der Ferne sich ein.
Auf meinen Atemzügen heben und senken
die Sterne sich.
Zu meinen Lippen kommen die Düfte zur Tränke,
und ich erkenne die Handgelenke
entfernter Engel.
Nur die ich denke: Dich
seh ich nicht.

## DIE BRAUT

Ruf mich, Geliebter, ruf mich laut!
Laß deine Braut nicht so lange am Fenster stehn.
In den alten Platanenalleen
wacht der Abend nicht mehr:
sie sind leer.

Und kommst du mich nicht in das nächtliche Haus
mit deiner Stimme verschließen,
so muß ich mich aus meinen Händen hinaus
in die Gärten des Dunkelblaus
ergießen …

Es müßte mich einer führen,
aber nicht der Wind;
weil der Orte und Türen
so viele sind.
Wen
soll ich um alles fragen;
soll ich immer nur gehn
und es wie im Traum ertragen,
daß die Berge und Burgen ragen
an dem Saum
der fremden Seen? ...

Wir sind ganz angstallein,
haben nur aneinander Halt,
jedes Wort wird wie ein Wald
vor unserm Wandern sein.
Unser Wille ist nur der Wind,
der uns drängt und dreht;
weil wir selber die Sehnsucht sind,
die in Blüten steht.

## DEIN BILD

Könntest ins Herz du mir schauen,
sähest du, schönste der Frauen,
doch nur dein eigenes Bild.
So wie im Quell, der so wild
hin durch die Flur eilt geflügelt,
*doch* sich die Rose gespiegelt.

# Lieben lernen

Aber nun, da so vieles anders wird, ist es nicht an uns,
uns zu verändern? Könnten wir nicht versuchen,
uns ein wenig zu entwickeln, und unseren Anteil Arbeit
in der Liebe langsam auf uns nehmen nach und nach?
Man hat uns alle ihre Mühsal erspart, und so ist sie uns
unter die Zerstreuungen geglitten. ... Wir sind verdorben
vom leichten Genuß .... Wie aber, ... wenn wir ganz von
vorne begännen die Arbeit der Liebe zu lernen ...?

*(aus: Die Aufzeichnungen des Malte Laurids Brigge)*

Wer vermag denn zu lieben? Wer kann es? – Noch keiner.

*(aus dem Gedicht: Klage um Antinous)*

Denn dieses Leiden dauert schon zu lang,
und keiner kanns; es ist zu schwer für uns,
das wirre Leiden von der falschen Liebe,
die, bauend auf Verjährung wie Gewohnheit,
ein Recht sich nennt und wuchert aus dem Unrecht.
Wo ist ein Mann, der Recht hat auf Besitz?
Wer kann besitzen, was sich selbst nicht hält,
was sich von Zeit zu Zeit nur selig auffängt
und wieder hinwirft wie ein Kind den Ball.

......

Denn *das* ist Schuld, wenn irgendeines Schuld ist:
die Freiheit eines Lieben nicht vermehren
um alle Freiheit, die man in sich aufbringt.
Wir haben, wo wir lieben, ja nur dies:
einander lassen; denn daß wir uns halten,
das fällt uns leicht und ist nicht erst zu lernen.

*(aus: Requiem für eine Freundin.*
*In memoriam Paula Modersohn-Becker)*

## DIE LIEBENDEN

Sieh, wie sie zu einander erwachsen:
in ihren Adern wird alles Geist.
Ihre Gestalten beben wie Achsen,
um die es heiß und hinreißend kreist.
Dürstende, und sie bekommen zu trinken,
Wache und sieh: sie bekommen zu sehn.
Laß sie ineinander sinken,
um einander zu überstehn.

## EHE
*(1901)*

Sie hatten beide lang geschwiegen.
Jetzt war die Stube dämmergrau.
Da sagte der Mann, und es hörte die Frau:

Wir wollen einander nicht unterliegen.
Ein jeder hat seine eigenen Qualen.
Meine Großeltern in den ovalen
Rahmen erschrecken mich manchmal so.
Sähest du erst die Schriften von beiden:
ich kann in den späteren seltenen Briefen
was *sie* geschrieben nur durch die schiefen
Zeilen von seiner Hand unterscheiden. –
...... Weißt du, man darf nicht gemeinsam leiden,
das macht bescheiden gegen den Schmerz.
Leg deine Hand an mein Herz
oder an meine Handgelenke:
Fühlst du, wie ich überall denke?
und ich kann dir nicht sagen was.
Laß dich niemals zu mir bekehren,
und auch ich will mich wehren ...

Sie zögerte eine Weile und dann
sagte die Frau, und es hörte der Mann:

Du hast mir die Menschen fortgenommen,
die vielzunahen und vielzulauten;
jetzt kann *mein* Leben über mich kommen,
das mir die andern nicht anvertrauten.
Jetzt werd ich mich endlich einmal verschließen

und nichtmehr warten und etwas werden.
Jetzt bin ich wie allein auf Erden.
Jetzt will ich mich leiden und mich genießen,
und will gar nicht weiter schaun nach Dir.
Ich weiß, daß wir *neben*einander fließen,
und nicht einmal unser Kind wird *wir*.

Sie schwieg. Und dichter war das Dämmergrau,
und beide dachten dunkel, Mann und Frau:

daß jetzt viel mehr Einsame sind.
Aber die Welt wird dadurch weiter,
wenn ein Zweiter
nicht gleich nebenan beginnt.
Zu Großmutters Zeiten
war sie noch lang nicht so groß.
Da glaubten die Frauen Naheverwandte
zu gebären aus ihrem Schooß;
aber es sind doch unbekannte
Kinder, fremd und namenlos …
Für uns rückt das Bestimmte hinaus,
welches ihnen Freude gewährte,
und wir nehmen das Nieerklärte
wie das Allernächste ins Haus.

Und die Liebe ist ihr die ‚große wundergroße Liebe' … In der Liebe hofft sie Erfüllung. Und die Liebe kommt … Aber ihr Ziel liegt noch jenseits der Liebe … und in einer Stunde des Zweifels klagt sie dem Geliebten:

‚… nicht einmal Deine
Liebe erlöst mich'.

*(aus: Hermine von Preuschen)*

Die Menschen sind so furchtbar weit voneinander; und die, welche einander liebhaben, sind oft am weitesten. Sie werfen sich all das Ihrige zu und fangen es nicht, und es bleibt zwischen ihnen liegen irgendwo und türmt sich auf und hindert sie endlich noch, einander zu sehen und aufeinander zuzugehen.

*(aus: Der Totengräber)*

Sie haben lange zusammen gelacht
und lernten sich nahen und nennen,
und als sie standen am Rande der Nacht,
da konnten sie sich nicht erkennen.

„Wo bist du? –"
„Wo bist du? –"

Und keines sprach.
Sie müssen im Walde wandern.
Und rasten und hasten und tasten nach
Eines dem Weinen des Andern.

Wie meine Träume nach dir schrein.
Wir sind uns mühsam fremd geworden,
jetzt will es mir die Seele morden,
dies arme, bange Einsamsein.

Kein Hoffen, das die Segel bauscht.
Nur diese weite, weiße Stille,
in die mein tatenloser Wille
in atemlosem Bangen lauscht.

Es leuchteten im Garten die Syringen,
von einem Ave war der Abend voll, –
da war es, daß wir voneinander gingen
in Gram und Groll.

Die Sonne war in heißen Fieberträumen
gestorben hinter grauen Hängen weit,
und jetzt verglomm auch hinter Blütenbäumen
dein weißes Kleid.

Ich sah den Schimmer nach und nach vergehen
und bangte bebend wie ein furchtsam Kind,
das lange in ein helles Licht gesehen:
Bin ich jetzt blind? –

Welt war in dem Antlitz der Geliebten –,
aber plötzlich ist sie ausgegossen:
Welt ist draußen, Welt ist nicht zu fassen.

Warum trank ich nicht, da ich es aufhob,
aus dem vollen, dem geliebten Antlitz
Welt, die nah war, duftend meinem Munde?

Ach, ich trank. Wie trank ich unerschöpflich.
Doch auch ich war angefüllt mit zuviel
Welt, und trinkend ging ich selber über.

## LIEBES-LIED

Wie soll ich meine Seele halten, daß
sie nicht an deine rührt? Wie soll ich sie
hinheben über dich zu andern Dingen?
Ach gerne möcht ich sie bei irgendwas
Verlorenem im Dunkel unterbringen
an einer fremden stillen Stelle, die
nicht weiterschwingt, wenn deine Tiefen schwingen.
Doch alles, was uns anrührt, dich und mich,
nimmt uns zusammen wie ein Bogenstrich,
der aus zwei Saiten *eine* Stimme zieht.
Auf welches Instrument sind wir gespannt?
Und welcher Geiger hat uns in der Hand?
O süßes Lied.

# Schritte ins Leben

Irgendwo wird jemand geboren. In einer Familie ist ein Tag der Unruhe und Aufregung, einige Nachbaren nehmen teil, einige Freunde freuen sich mit dem Vater, und es findet sich wohl auch jemand in der Verwandtschaft, der an der Wiege steht und denkt: „Das ist also ein Leben. Der erste Buchstabe eines unbekannten Alphabetes. Aus Alphabeten macht man Worte, und mit Worten ist das so eine Sache: es giebt langweilige, gewöhnliche, freudige, traurige, leichtsinnige, – es giebt auch unsterbliche Worte. Wer weiß …"

*(aus: Fritz Mackensen)*

## IMAGINÄRER LEBENSLAUF

Erst eine Kindheit, grenzenlos und ohne
Verzicht und Ziel. O unbewußte Lust.
Auf einmal Schrecken, Schranke, Schule, Frohne
und Absturz in Versuchung und Verlust.

Trotz. Der Gebogene wird selber Bieger
und rächt an anderen, daß er erlag.
Geliebt, gefürchtet, Retter, Ringer, Sieger
und Überwinder, Schlag auf Schlag.

Und dann allein im Weiten, Leichten, Kalten.
Doch tief in der errichteten Gestalt
ein Atemholen nach dem Ersten, Alten ...

Da stürzte Gott aus seinem Hinterhalt.

Maman kam nie in der Nacht –, oder doch, einmal kam sie. Ich hatte geschrieen und geschrieen, und Mademoiselle war gekommen und die Haushälterin und der Kutscher; aber das hatte nichts genutzt. Und da hatten sie endlich den Wagen nach den Eltern geschickt, die auf einem großen Balle waren ... Und auf einmal hörte ich ihn hereinfahren in den Hof, und ich wurde still, saß und sah nach der Tür. Und da rauschte es ein wenig in den anderen Zimmern, und Maman kam herein in der großen Hofrobe, die sie gar nicht in acht nahm, und lief beinah und ließ ihren weißen Pelz hinter sich fallen und nahm mich in die bloßen Arme. Und ich befühlte, erstaunt und entzückt wie nie, ihr Haar und ihr kleines, gepflegtes Gesicht und die kalten Steine an ihren Ohren und die Seide am Rand ihrer Schultern, die nach Blumen dufteten. Und wir blieben so und weinten zärtlich und küßten uns, bis wir fühlten, daß der Vater da war und daß wir uns trennen mußten. „Er hat hohes Fieber", hörte ich Maman schüchtern sagen, und der Vater griff nach meiner Hand und zählte den Puls. Er war in der Jägermeisteruniform mit dem schönen, breiten, gewässerten blauen Band des Elefanten. „Was für ein Unsinn, uns zu rufen", sagte er ins Zimmer hinein, ohne mich anzusehen. Sie hatten versprochen, zurückzukehren, wenn es was Ernstliches wäre. Und Ernstliches war es ja nichts. Auf meiner Decke aber fand ich Mamans Tanzkarte und weiße Kamelien, die ich noch nie gesehen hatte und die ich mir auf die Augen legte, als ich merkte, wie kühl sie waren.

*(aus: Die Aufzeichnungen des Malte Laurids Brigge)*

Ich habe um meine Kindheit gebeten, und sie ist wiedergekommen, und ich fühle, daß sie immer noch so schwer ist wie damals und daß es nichts genützt hat, älter zu werden.

.....

Da gab es Dinge, die traurig waren, ein- für allemal, es gab angenehme Dinge und eine ganze Menge nebensächlicher. Wurde aber einem eine Freude bereitet, so war es eine Freude, und er hatte sich danach zu benehmen. Im Grunde war das alles sehr einfach, und wenn man es erst heraus hatte, so machte es sich wie von selbst. In diese verabredeten Grenzen ging denn auch alles hinein; die langen, gleichmäßigen Schulstunden, wenn draußen der Sommer war; die Spaziergänge, von denen man französisch erzählen mußte; die Besuche, für die man hereingerufen wurde und die einen drollig fanden, wenn man gerade traurig war, und sich an einem belustigten wie an dem betrübten Gesicht gewisser Vögel, die kein anderes haben. Und die Geburtstage natürlich, zu denen man Kinder eingeladen bekam, die man kaum kannte, verlegene Kinder, die einen verlegen machten, oder dreiste, die einem das Gesicht zerkratzten, und zerbrachen, was man gerade bekommen hatte, und die dann plötzlich fortfuhren, wenn alles aus Kästen und Laden herausgerissen war und zu Haufen lag. Wenn man aber allein spielte, wie immer, so konnte es doch geschehen, daß man diese vereinbarte, im ganzen harmlose Welt unversehens überschritt und unter Verhältnisse geriet, die völlig verschieden waren und gar nicht abzusehen.

*(aus: Die Aufzeichnungen des Malte Laurids Brigge)*

Maman wünschte, daß ich ein kleines Mädchen wäre und nicht dieser Junge, der ich nun einmal war. ... So war ich einfach Sophie, Mamans kleine Sophie, die sich häuslich beschäftigte und der Maman einen Zopf flechten mußte, damit keine Verwechslung stattfinde mit dem bösen Malte, wenn er je wiederkäme. Erwünscht war dies durchaus nicht; es war sowohl Maman wie Sophie angenehm, daß er fort war, und ihre Unterhaltungen ... bestanden meistens darin, daß sie Maltes Unarten aufzählten und sich über ihn beklagten. „Ach ja, dieser Malte", seufzte Maman. Und Sophie wußte eine Menge über die Schlechtigkeiten der Jungen im allgemeinen, als kennte sie einen ganzen Haufen.

*(aus: Die Aufzeichnungen des Malte Laurids Brigge)*

Ich sehne oft nach einer Mutter mich,
nach einer stillen Frau mit weißen Scheiteln.
In ihrer Liebe blühte erst mein Ich;
sie könnte jenen wilden Haß vereiteln,
der eisig sich in meine Seele schlich.

Dann säßen wir wohl beieinander dicht,
ein Feuer surrte leise im Kamine.
Ich lauschte, was die liebe Lippe spricht,
und Frieden schwebte ob der Teeterrine
so wie ein Falter um das Lampenlicht.

## KINDHEIT

Es wäre gut viel nachzudenken, um
von so Verlornem etwas auszusagen,
von jenen langen Kindheit-Nachmittagen,
die so nie wiederkamen – und warum?

Noch mahnt es uns –: vielleicht in einem Regnen,
aber wir wissen nicht mehr was das soll;
nie wieder war das Leben von Begegnen,
von Wiedersehn und Weitergehn so voll

wie damals, da uns nichts geschah als nur
was einem Ding geschieht und einem Tiere:
da lebten wir, wie Menschliches, das Ihre
und wurden bis zum Rande voll Figur.

Und wurden so vereinsamt wie ein Hirt
und so mit großen Fernen überladen
und wie von weit berufen und berührt
und langsam wie ein langer neuer Faden
in jene Bilder-Folgen eingeführt,
in welchen nun zu dauern uns verwirrt.

## DAS KARUSSELL

*Jardin du Luxembourg*

Mit einem Dach und seinem Schatten dreht
sich eine kleine Weile der Bestand
von bunten Pferden, alle aus dem Land,
das lange zögert, eh es untergeht.
Zwar manche sind an Wagen angespannt,
doch alle haben Mut in ihren Mienen;
ein böser roter Löwe geht mit ihnen
und dann und wann ein weißer Elefant.

Sogar ein Hirsch ist da, ganz wie im Wald,
nur daß er einen Sattel trägt und drüber
ein kleines blaues Mädchen aufgeschnallt.

Und auf dem Löwen reitet weiß ein Junge
und hält sich mit der kleinen heißen Hand,
dieweil der Löwe Zähne zeigt und Zunge.

Und dann und wann ein weißer Elefant.

Und auf den Pferden kommen sie vorüber,
auch Mädchen, helle, diesem Pferdesprunge
fast schon entwachsen; mitten in dem Schwunge
schauen sie auf, irgendwohin, herüber –

Und dann und wann ein weißer Elefant.

Und das geht hin und eilt sich, daß es endet,
und kreist und dreht sich nur und hat kein Ziel.
Ein Rot, ein Grün, ein Grau vorbeigesendet,
ein kleines kaum begonnenes Profil –.
Und manchesmal ein Lächeln, hergewendet,
ein seliges, das blendet und verschwendet
an dieses atemlose blinde Spiel …

Über dem Sofa, groß, in Goldrahmen, der Großvater, die Großmutter. Es sind enge, ovale Brustbilder, aber beide haben ihre Hände hineingehoben, so mühsam das gewesen sein mag. Es wären keine Porträts geworden ohne diese Hände, hinter denen sie leise und bescheiden hingelebt haben, alle Tage lang. Diese Hände hatten das Leben gehabt und die Arbeit, die Sehnsucht und die Sorge, waren mutig und jung gewesen und sind müde und alt geworden, während sie selbst nur fromme, ehrfürchtige Zuschauer dieser Geschicke waren. Ihre Mienen blieben müßig irgendwo weit vom Leben und hatten nichts zu tun, als einander langsam ähnlich zu werden. Und in den Goldrahmen über dem Sofa sehen sie wie Geschwister aus. Aber dann stehen mit einem Male ihre Hände vor den schwarzen Sonntagskleidern und verraten sie.

Die eine, hart, krampfig, rücksichtslos, sagt: So ist das Leben. Die andere, blaß, bang, voll Zärtlichkeit, sagt: Sieben Kinder – oh! ...

Und dann verstummen sie ganz, sagen gleichsam: „Bitte“, wenn die Spieluhr beginnt: „Tingilligin ...“ Und sie singt mit ihrer welken, winzigen Stimme ein Menuett. Das Lied bleibt eine Weile über den Dingen und sickert dann in die vielen dunklen Spiegel hinein und ruht in ihnen wie Silber in Seen. In einer Ecke steht der Enkel, ... er hat plötzlich das Gefühl: Das wirkliche Leben ist wie dieses „Tingilligin“ ... Es kann nehmen und schenken, kann dich Bettler rufen oder König und tief oder traurig machen je nachdem. ...

*(aus: Generationen)*

Wenn die Uhren so nah
wie im eigenen Herzen schlagen,
und die Dinge mit zagen
Stimmen sich fragen:
Bist du da? –:

Dann bin ich nicht der, der am Morgen erwacht,
einen Namen schenkt mir die Nacht,
den keiner, den ich am Tage sprach,
ohne tiefes Fürchten erführe –

Jede Türe
in mir giebt nach …

Und da weiß ich, daß nichts vergeht,
keine Geste und kein Gebet, –
dazu sind die Dinge zu schwer, –
meine ganze Kindheit steht
immer um mich her.
Niemals bin ich allein.
Viele, die vor mir lebten
und fort von mir strebten,
webten,
webten
an meinem Sein.

Und setz ich mich zu dir her
und sage dir leise: „Ich litt –"
hörst du?

Wer weiß wer
murmelt es mit …

# Auf der Suche nach dem eigenen Ich

Ist es nicht gerade unser Eigenstes,
wovon wir am wenigsten wissen?

Wir entdecken wohl, daß wir die Rolle nicht wissen,
wir suchen einen Spiegel, wir möchten abschminken und
das Falsche abnehmen und wirklich sein. Aber irgendwo
haftet uns noch ein Stück Verkleidung an, das wir vergessen.
Eine Spur Übertreibung bleibt in unseren Augenbrauen,
wir merken nicht, daß unsere Mundwinkel verbogen sind.
Und so gehen wir herum, ... weder Seiende,
noch Schauspieler.

*(aus: Die Aufzeichnungen des Malte Laurids Brigge)*

Kann mir einer sagen, wohin
ich mit meinem Leben reiche?
Ob ich nicht auch noch im Sturme streiche
und als Welle wohne im Teiche,
und ob ich nicht selbst noch die blasse, bleiche
frühlingfrierende Birke bin?

Es ist lächerlich. Ich sitze hier in meiner kleinen Stube, ich, der achtundzwanzig Jahre alt geworden ist und von dem niemand weiß. Ich sitze hier und bin nichts. Und dennoch, dieses Nichts fängt an zu denken und denkt, fünf Treppen hoch, an einem grauen Pariser Nachmittag diesen Gedanken:

Ist es möglich, denkt es, daß man noch nichts Wirkliches und Wichtiges gesehen, erkannt und gesagt hat? Ist es möglich, daß man Jahrtausende Zeit gehabt hat, zu schauen, nachzudenken und aufzuzeichnen, und daß man die Jahrtausende hat vergehen lassen wie eine Schulpause, in der man sein Butterbrot ißt und einen Apfel?

Ja, es ist möglich.

Ist es möglich, daß man trotz Erfindungen und Fortschritten, trotz Kultur, Religion und Weltweisheit an der Oberfläche des Lebens geblieben ist? Ist es möglich, daß man sogar diese Oberfläche, die doch immerhin etwas gewesen wäre, mit einem unglaublich langweiligen Stoff überzogen hat, so daß sie aussieht, wie die Salonmöbel in den Sommerferien?

...

Wenn aber dieses alles möglich ist, ... dann muß ja, um alles in der Welt, etwas geschehen. Der Nächstbeste, der, welcher diesen beunruhigenden Gedanken gehabt hat, muß anfangen, etwas von dem Versäumten zu tun.

*(aus: Die Aufzeichnungen des Malte Laurids Brigge)*

Ich bin zuhause zwischen Tag und Traum.
Dort wo die Kinder in die Stille stammeln,
dort wo die Alten sich im Abend sammeln,
und heiße Herde hellen ihren Raum.

Ich bin zuhause zwischen Tag und Traum.
Dort wo die Aveglocken grad verklangen
und müde Mädchen mit den warmen Wangen
sich sachte neigen übern Brunnensaum.

Und eine Linde ist mein Lieblingsbaum,
und alle Sommer, welche in ihr schweigen,
erwachen wieder in den greisen Zweigen
und leben wieder zwischen Tag und Traum.

## WOHIN?

Seh ich, vom Winde getragen,
rauschend die Welle entfliehn,
treibt es mich immer zu fragen:
Eilende Welle, wohin? ..

Seh ich in neblichter Ferne
düstere Wolken dort ziehn,
wüßt ich es doch gar so gerne:
Luftige Segler, wohin? …

Seh ich, wie rasch hier im Leben
Jugend und Hoffnung entfliehn .....
O! Könnt ich Antwort mir geben
doch nur auf *dieses* „Wohin!“ –

Und doch, obwohl ein jeder von sich strebt
wie aus dem Kerker, der ihn haßt und hält, –
es ist ein großes Wunder in der Welt:
ich fühle: *alles Leben wird gelebt.*

Wer lebt es denn? Sind das die Dinge, die
wie eine ungespielte Melodie
im Abend wie in einer Harfe stehn?
Sind das die Winde, die von Wassern wehn,
sind das die Zweige, die sich Zeichen geben,
sind das die Blumen, die die Düfte weben,
sind das die langen alternden Alleen?
Sind das die warmen Tiere, welche gehn,
sind das die Vögel, die sich fremd erheben?

Wer lebt es denn? Lebst du es, Gott, – das Leben?

## SPAZIERGANG

Schon ist mein Blick am Hügel, dem besonnten,
dem Wege, den ich kaum begann, voran.
So faßt uns das, was wir nicht fassen konnten,
voller Erscheinung, aus der Ferne an –

und wandelt uns, auch wenn wirs nicht erreichen,
in jenes, das wir, kaum es ahnend, sind;
ein Zeichen weht, erwidernd unserm Zeichen ...
wir aber spüren nur den Gegenwind.

## ABEND

Der Abend wechselt langsam die Gewänder,
die ihm ein Rand von alten Bäumen hält;
du schaust: und von dir scheiden sich die Länder,
ein himmelfahrendes und eins, das fällt;

und lassen dich, zu keinem ganz gehörend,
nicht ganz so dunkel wie das Haus, das schweigt,
nicht ganz so sicher Ewiges beschwörend
wie das, was Stern wird jede Nacht und steigt –

und lassen dir (unsäglich zu entwirrn)
dein Leben bang und riesenhaft und reifend,
so daß es, bald begrenzt und bald begreifend,
abwechselnd Stein in dir wird und Gestirn.

Ich lerne sehen. Ich weiß nicht, woran es liegt, es geht alles tiefer. ... Ich habe ein Inneres, von dem ich nicht wußte ... Ich lerne sehen – ja, ich fange an ...

Daß es mir zum Beispiel niemals zum Bewußtsein gekommen ist, wieviel Gesichter es giebt. Es giebt eine Menge Menschen, aber noch viel mehr Gesichter, denn jeder hat mehrere. Da sind Leute, die tragen ein Gesicht jahrelang, natürlich nutzt es sich ab, es wird schmutzig, es bricht in den Falten, es weitet sich aus wie Handschuhe, die man auf der Reise getragen hat. Das sind sparsame, einfache Leute ... Nun fragt es sich freilich, da sie mehrere Gesichter haben, was tun sie mit den anderen? Sie heben sie auf. Ihre Kinder sollen sie tragen. Aber es kommt auch vor, daß ihre Hunde damit ausgehen. Weshalb auch nicht? Gesicht ist Gesicht.

Andere Leute setzen unheimlich schnell ihre Gesichter auf, eins nach dem andern, und tragen sie ab. Es scheint ihnen zuerst, sie hätten für immer, aber sie sind kaum vierzig; da ist schon das letzte. Das hat natürlich seine Tragik. Sie sind nicht gewohnt, Gesichter zu schonen, ihr letztes ist in acht Tagen durch, hat Löcher, ist an vielen Stellen dünn wie Papier, und da kommt dann nach und nach die Unterlage heraus, das Nichtgesicht, und sie gehen damit herum.

*(aus: Die Aufzeichnungen des Malte Laurids Brigge)*

## EINE WELKE

Leicht, wie nach ihrem Tode
trägt sie die Handschuh, das Tuch.
Ein Duft aus ihrer Kommode
verdrängte den lieben Geruch,

an dem sie sich früher erkannte.
Jetzt fragte sie lange nicht, wer
sie sei (: eine ferne Verwandte),
und geht in Gedanken umher

und sorgt für ein ängstliches Zimmer,
das sie ordnet und schont,
weil es vielleicht noch immer
dasselbe Mädchen bewohnt.

Manchmal fühlt sie: Das Leben ist groß,
wilder, wie Ströme, die schäumen,
wilder, wie Sturm in den Bäumen.
Und leise läßt sie die Stunden los
und schenkt ihre Seele den Träumen.

Dann erwacht sie. Da steht ein Stern
still überm leisen Gelände,
und ihr Haus hat ganz weiße Wände –
Da weiß sie: Das Leben ist fremd und fern –
und faltet die alternden Hände.

Ich habe viele Brüder in Sutanen
im Süden, wo in Klöstern Lorbeer steht.
Ich weiß, wie menschlich sie Madonnen planen,
und träume oft von jungen Tizianen,
durch die der Gott in Gluten geht.

Doch wie ich mich auch in mich selber neige:
*Mein* Gott ist dunkel und wie ein Gewebe
von hundert Wurzeln, welche schweigsam trinken.
Nur, daß ich mich aus *seiner* Wärme hebe,
mehr weiß ich nicht, weil alle meine Zweige
tief unten ruhn und nur im Winde winken.

Ich lebe mein Leben in wachsenden Ringen,
die sich über die Dinge ziehn.
Ich werde den letzten vielleicht nicht vollbringen,
aber versuchen will ich ihn.

Ich kreise um Gott, um den uralten Turm,
und ich kreise jahrtausendelang;
und ich weiß noch nicht: bin ich ein Falke, ein Sturm
oder ein großer Gesang.

Alles, was mehr aus Ihnen macht, als Sie bisher in Ihren besten Stunden waren, ist recht. Jede Steigerung ist gut, ... wenn sie nicht Rausch ist, nicht Trübe, sondern Freude, der man auf den Grund sieht.

*(aus: Aus Rainer Maria Rilkes Briefen an einen jungen Dichter)*

# Fremdbestimmt, isoliert und unbehaust

Ich weiß, Ihr Beruf ist hart. ... Ich kann Ihnen nur raten, zu überlegen, ob nicht alle Berufe so sind. ... Der Stand, in dem Sie jetzt leben müssen, ist nicht schwerer mit Konventionen, Vorurteilen und Irrtümern belastet als alle die anderen Stände, und wenn es welche gibt, die eine größere Freiheit zur Schau tragen, so gibt es doch keinen, der in sich weit und geräumig und mit den großen Dingen, aus denen das wirkliche Leben besteht, in Beziehung ist. ... Aber das ist kein Grund zu Angst oder Traurigkeit; wenn keine Gemeinsamkeit zwischen den Menschen ist und Ihnen, versuchen Sie es, den Dingen nahe zu sein, die Sie nicht verlassen werden; noch sind die Nächte da und die Winde, die durch die Bäume gehen und über viele Länder; noch ist unter den Dingen und bei den Tieren alles voll Geschehen, daran Sie teilnehmen dürfen; und die Kinder sind noch so, wie Sie gewesen sind als Kind, so traurig und glücklich, – und wenn Sie an Ihre Kindheit denken, dann leben Sie wieder unter ihnen, unter den einsamen Kindern, und die Erwachsenen sind nichts, und ihre Würde hat keinen Wert.

*(aus: Aus Rainer Maria Rilkes Briefen an einen jungen Dichter)*

Wer spricht von Siegen? Überstehn ist alles.

*(aus: Requiem für Wolf Graf von Kalckreuth)*

Der Herr Revisor ... ist fleißig, ... hat seinen kahlen Kugelkopf ganz tief über seine Zahlen geschraubt, so daß die Worte des Offizials darüberhin in die königlich-ärarische Wandkarte „Das Eisenbahnnetz von Europa" einschlagen.

Man sieht: der junge Mensch, der zum letzten Mal in der Kanzlei ist, hat alle Achtung vor dem geheiligten Eigentum des Staates verloren. Er erlaubt sich Alles. Er sagt zum Beispiel jetzt:

„– wirklich, Herr Kniemann, lieber Straßenkehrer sein – oder – was weiß ich, als hier so langsam flach und staubig werden. Sehen Sie, bitte, diese Wände – rechts, links; wie in ein altes Buch gelegt ist man: das vergessene Lesezeichen des Herrn Vorgängers, der über dieser Stelle eingeschlafen ist."

„17,850", sagt der Revisor Kniemann und weicht der Riesenseite des Grundbuches aus, die beim Umblättern wie ein Segel an ihm vorüberfährt.

„Sie wollen sagen, man bleibt nicht immer Offizial –", erklärt der andere diese Geste, „man wird Revisor, Bureauvorstand, vielleicht sogar Inspektor, das heißt man wird aus einem Schmöker in einen Goldschnittband gelegt. ... Aber ich sage Ihnen: man bleibt Lesezeichen, höchstens, daß man nach obenhin in Beförderungszeiten die Aufschrift trägt: ‚Vergiß mein nicht.' Danke. Ich bin mir zu ... zu plastisch für diesen Zweck. Ich muß hinaus. – ...

Denken Sie an einen Sommertag. Scheint der nicht unermeßlich? ... Wir sitzen hier. ... Wir schreiben Zahlen. ‚Kohlentransport im Monat Dezember' schreiben wir, und draußen ist das Leben. ‚Kastenwagen Nr. 7815' schreiben wir, und draußen ist das Glück. ..."

*(aus: Im Leben)*

Der Deckel einer Büchse, einer gesunden Büchse, deren Rand nicht anders gebogen ist, als sein eigener, so ein Deckel müßte kein anderes Verlangen kennen, als sich auf seiner Büchse zu befinden …

Die Menschen nämlich, wenn es angeht, sie … mit solchen Deckeln zu vergleichen, sitzen höchst ungern und schlecht auf ihren Beschäftigungen. Teils weil sie nicht auf die richtigen gekommen sind in der Eile, teils weil man sie schief und zornig aufgesetzt hat, teils weil die Ränder, die aufeinander gehören, verbogen sind, jeder auf eine andere Art. Sagen wir es nur ganz aufrichtig: sie denken im Grunde nur daran, so bald es sich irgend tun läßt, hinunterzuspringen …

*(aus: Die Aufzeichnungen des Malte Laurids Brigge)*

Da leben Menschen, weißerblühte, blasse,
und sterben staunend an der schweren Welt.
Und keiner sieht die klaffende Grimasse,
zu der das Lächeln einer zarten Rasse
in namenlosen Nächten sich entstellt.

Sie gehn umher, entwürdigt durch die Müh,
sinnlosen Dingen ohne Mut zu dienen,
und ihre Kleider werden welk an ihnen,
und ihre schönen Hände altern früh.

Die Menge drängt und denkt nicht sie zu schonen,
obwohl sie etwas zögernd sind und schwach, –
nur scheue Hunde, welche nirgends wohnen,
gehn ihnen leise eine Weile nach.

Sie sind gegeben unter hundert Quäler,
und, angeschrien von jeder Stunde Schlag,
kreisen sie einsam um die Hospitäler
und warten angstvoll auf den Einlaßtag.

Dort ist der Tod. Nicht jener, dessen Grüße
sie in der Kindheit wundersam gestreift, –
der kleine Tod, wie man ihn dort begreift;
ihr eigener hängt grün und ohne Süße
wie eine Frucht in ihnen, die nicht reift.

## DAS LIED DER WAISE

Ich bin Niemand und werde auch Niemand sein.
Jetzt bin ich ja zum Sein noch zu klein;
aber auch später.

Mütter und Väter,
erbarmt euch mein.

Zwar es lohnt nicht des Pflegens Müh:
ich werde doch gemäht.
Mich kann keiner brauchen: jetzt ist es zu früh
und morgen ist es zu spät.

Ich habe nur dieses eine Kleid,
es wird dünn und es verbleicht,
aber es hält eine Ewigkeit
auch noch vor Gott vielleicht.

Ich habe nur dieses bißchen Haar
(immer dasselbe blieb),
das einmal Eines Liebstes war.

Nun hat er nichts mehr lieb.

## DER LETZTE

Ich habe kein Vaterhaus,
und habe auch keines verloren;
meine Mutter hat mich in die Welt hinaus
geboren.
Da stehe ich nun in der Welt und geh
in die Welt immer tiefer hinein,
und habe mein Glück und habe mein Weh
und habe jedes allein.
Und bin doch manch eines Erbe.
Mit drei Zweigen hat mein Geschlecht geblüht
auf sieben Schlössern im Wald,
und wurde seines Wappens müd
und war schon viel zu alt; –
und was sie mir ließen und was ich erwerbe
zum alten Besitze, ist heimatlos.
In meinen Händen, in meinem Schooß
muß ich es halten, bis ich sterbe.
Denn was ich fortstelle,
hinein in die Welt,
fällt,
ist wie auf eine Welle
gestellt.

## DER BLINDE

*Paris*

Sieh, er geht und unterbricht die Stadt,
die nicht ist auf seiner dunkeln Stelle,
wie ein dunkler Sprung durch eine helle
Tasse geht. Und wie auf einem Blatt

ist auf ihm der Widerschein der Dinge
aufgemalt; er nimmt ihn nicht hinein.
Nur sein Fühlen rührt sich, so als finge
es die Welt in kleinen Wellen ein:

eine Stille, einen Widerstand –,
und dann scheint er wartend wen zu wählen:
hingegeben hebt er seine Hand,
festlich fast, wie um sich zu vermählen.

Aber die Gewißheit bestärkte sich in ihm, daß auch er eine bestimmte Karte sei, vielleicht eine schlechte, eine zornig ausgespielte, die immer verlor.

Man kommt, man findet ein Leben, fertig, man hat es nur anzuziehen.

*(aus: Die Aufzeichnungen des Malte Laurids Brigge)*

## EIN FRAUEN-SCHICKSAL

So wie der König auf der Jagd ein Glas
ergreift, daraus zu trinken, irgendeines, –
und wie hernach der welcher es besaß
es fortstellt und verwahrt als wär es keines:

so hob vielleicht das Schicksal, durstig auch,
bisweilen Eine an den Mund und trank,
die dann ein kleines Leben, viel zu bang
sie zu zerbrechen, abseits vom Gebrauch

hinstellte in die ängstliche Vitrine,
in welcher seine Kostbarkeiten sind
(oder die Dinge, die für kostbar gelten).

Da stand sie fremd wie eine Fortgeliehne
und wurde einfach alt und wurde blind
und war nicht kostbar und war niemals selten.

*Ihr Mädchen seid wie die Gärten*
*am Abend im April:*
*Frühling auf vielen Fährten,*
*aber noch nirgends ein Ziel.*

Jetzt sind sie alle schon selber Frauen.
Haben Kinder und Träume verloren
und Kinder geboren
und Kinder geboren,
und sie wissen: in diesen Toren
werden wir alle in Gram ergrauen.

Alles ihre hat Raum im Haus.
Nur das Avemarialäuten
hat ihren Herzen noch ein Bedeuten,
und dann kommen sie müd heraus.

Wenn die Wege zu wachsen beginnen,
kühl aus der blassen Campagna zieht's:
ihres alten Lächelns entsinnen
sie sich wie eines alten Lieds …

O was für ein glückliches Schicksal, in der stillen Stube eines ererbten Hauses zu sitzen unter lauter ruhigen, seßhaften Dingen und draußen im leichten, lichtgrünen Garten die ersten Meisen zu hören, die sich versuchen, und in der Ferne die Dorfuhr. Zu sitzen und auf einen warmen Streifen Nachmittagssonne zu sehen und vieles von vergangenen Mädchen zu wissen und ein Dichter zu sein. Und zu denken, daß ich auch so ein Dichter geworden wäre, wenn ich irgendwo hätte wohnen dürfen, irgendwo auf der Welt, in einem von den vielen verschlossenen Landhäusern, um die sich niemand bekümmert. Ich hätte ein einziges Zimmer gebraucht (das lichte Zimmer im Giebel). Da hätte ich drinnen gelebt mit meinen alten Dingen, den Familienbildern, den Büchern. Und einen Lehnstuhl hätte ich gehabt und Blumen und Hunde und einen starken Stock für die steinigen Wege. Und nichts sonst. Nur ein Buch in gelbliches, elfenbeinfarbiges Leder gebunden mit einem alten blumigen Muster als Vorsatz: dahinein hätte ich geschrieben. Ich hätte viel geschrieben, denn ich hätte viele Gedanken gehabt und Erinnerungen von Vielen. Aber es ist anders gekommen, Gott wird wissen, warum. Meine alten Möbel faulen in einer Scheune, in die ich sie habe stellen dürfen, und ich selbst, ja, mein Gott, ich habe kein Dach über mir, und es regnet mir in die Augen.

*(aus: Die Aufzeichnungen des Malte Laurids Brigge)*

Jetzt reifen schon die roten Berberitzen,
alternde Astern atmen schwach im Beet.
Wer jetzt nicht reich ist, da der Sommer geht,
wird immer warten und sich nie besitzen.

Wer jetzt nicht seine Augen schließen kann,
gewiß, daß eine Fülle von Gesichten
in ihm nur wartet bis die Nacht begann,
um sich in seinem Dunkel aufzurichten: –
der ist vergangen wie ein alter Mann.

Dem kommt nichts mehr, dem stößt kein Tag mehr zu,
und alles lügt ihn an, was ihm geschieht;
auch du, mein Gott. Und wie ein Stein bist du,
welcher ihn täglich in die Tiefe zieht.

## EINSAMKEIT

Die Einsamkeit ist wie ein Regen.
Sie steigt vom Meer den Abenden entgegen;
von Ebenen, die fern sind und entlegen,
geht sie zum Himmel, der sie immer hat.
Und erst vom Himmel fällt sie auf die Stadt.

Regnet hernieder in den Zwitterstunden,
wenn sich nach Morgen wenden alle Gassen
und wenn die Leiber, welche nichts gefunden,
enttäuscht und traurig von einander lassen;
und wenn die Menschen, die einander hassen,
in *einem* Bett zusammen schlafen müssen:

dann geht die Einsamkeit mit den Flüssen ...

Die Städte aber wollen nur das Ihre
und reißen alles mit in ihren Lauf.
Wie hohles Holz zerbrechen sie die Tiere
und brauchen viele Völker brennend auf.

Und ihre Menschen dienen in Kulturen
und fallen tief aus Gleichgewicht und Maß,
und nennen Fortschritt ihre Schneckenspuren
und fahren rascher, wo sie langsam fuhren,
und fühlen sich und und funkeln wie die Huren
und lärmen lauter mit Metall und Glas.

Es ist, als ob ein Trug sie täglich äffte,
sie können gar nicht mehr sie selber sein;
das Geld wächst an, hat alle ihre Kräfte
und ist wie Ostwind groß, und sie sind klein
und ausgeholt und warten, daß der Wein
und alles Gift der Tier- und Menschensäfte
sie reize zu vergänglichem Geschäfte.

Es war gegen Abend, und ich verirrte mich in der fremden Gegend und ging Boulevards mit endlosen Mauern in einer Richtung hinauf und, wenn dann kein Ende da war, in der entgegengesetzten Richtung zurück bis an irgendeinen Platz. Dort begann ich eine Straße zu gehen, und es kamen andere Straßen, die ich nie gesehen hatte, und wieder andere. ... Ich wußte nicht, in welcher Stadt ich war.

Die Gasse begann von allen Seiten zu riechen. Es roch, soviel sich unterscheiden ließ, nach Jodoform, nach dem Fett von pommes frites, nach Angst. Alle Städte riechen im Sommer.

Was hätte es für einen Sinn gehabt, noch irgendwohin zu gehen, ich war leer. Wie ein leeres Papier trieb ich an den Häusern entlang, den Boulevard wieder hinauf.

*(aus: Die Aufzeichnungen des Malte Laurids Brigge)*

## DER NACHBAR

Fremde Geige, gehst du mir nach?
In wieviel fernen Städten schon sprach
deine einsame Nacht zu meiner?
Spielen dich hunderte? Spielt dich einer?

Giebt es in allen großen Städten
solche, die sich ohne dich
schon in den Flüssen verloren hätten?
Und warum trifft es immer mich?

Warum bin ich immer der Nachbar derer,
die dich bange zwingen zu singen
und zu sagen: Das Leben ist schwerer
als die Schwere von allen Dingen.

Die Nacht wächst wie eine schwarze Stadt,
wo nach stummen Gesetzen
sich die Gassen mit Gassen vernetzen
und sich Plätze fügen zu Plätzen,
und die bald an die tausend Türme hat.

Aber die Häuser der schwarzen Stadt, –
du weißt nicht, wer darin siedelt.

In ihrer Gärten schweigendem Glanz
reihen sich reigende Träume zum Tanz, –
und du weißt nicht, wer ihnen fiedelt …

## SPÄTHERBST IN VENEDIG

Nun treibt die Stadt schon nicht mehr wie ein Köder,
der alle aufgetauchten Tage fängt.
Die gläsernen Paläste klingen spröder
an deinen Blick. Und aus den Gärten hängt

der Sommer wie ein Haufen Marionetten
kopfüber, müde, umgebracht.
Aber vom Grund aus alten Waldskeletten
steigt Willen auf: als sollte über Nacht

der General des Meeres die Galeeren
verdoppeln in dem wachen Arsenal,
um schon die nächste Morgenluft zu teeren

mit einer Flotte, welche ruderschlagend
sich drängt und jäh, mit allen Flaggen tagend,
den großen Wind hat, strahlend und fatal.

Bei einem so komplizierten Gemeinwesen, wie es die Menschheit ist, kann das gemeinsame Ziel nicht gleich erkannt werden. Wir kennen es nicht, und wir werden es vielleicht nie kennen. Es genügt, wenn jeder nur seine Rolle weiß und erfüllt; es genügt, wenn jeder dieses Ziel so hoch und erhaben annimmt, als er seiner Eigenart gemäß vermag, um eine gewisse Einheitlichkeit in den Seelen und ihren Bewegungen hervorzurufen – und die Hoffnung in uns zu erhalten, daß nichts, was wir tun, verloren gehen kann.

*(aus: Maurice Maeterlinck)*

Wir sind die Treibenden.
Aber den Schritt der Zeit,
nehmt ihn als Kleinigkeit
im immer Bleibenden.

Alles das Eilende
wird schon vorüber sein;
denn das Verweilende
erst weiht uns ein.

Knaben, o werft den Mut
nicht in die Schnelligkeit,
nicht in den Flugversuch.

Alles ist ausgeruht:
Dunkel und Helligkeit,
Blume und Buch.

# Von der Verantwortung

## EINE BEGEGNUNG

Ein beliebiger Weg vor der Stadt. ... Der Hund ist plötzlich da, wie ein Einfall. ... Der Hund ist bald vor, bald neben dem Gehenden. ... Er giebt überstürzte Zeichen der Freude von sich, mit denen er schließlich den Weitergehenden aufzuhalten sucht. Dieser macht eine schnelle, freundliche, beruhigende und zugleich abtuende Gebärde und kommt mit einem halben Schritt nach links leicht an dem Hund vorbei.

Der Hund in freudiger Erwartung. ...

Er schluchzt vor Gefühlsüberfülle. Endlich stürzt er sich, das Gesicht hinaufhaltend, nochmals vor den rasch ausschreitenden Mann ... und hält sein Gesicht hin, inständig ...

Was? sagt der Fremde, einen Augenblick zögernd. Die Spannung in den Augen des Hundes geht in Verlegenheit über, in Zweifel, in Bestürzung. Ja wenn der Mann gar nicht weiß, was kommen soll. ...

Der Mann ist schon wieder beim Gehen. Er geht scheinbar achtlos, aber er versucht doch, nach dem Hunde hinzusehen, ab und zu. Er sieht ihn linkisch und eigentümlich ratlos herumlaufen, voraussein, zurückbleiben. ... Mit großer Selbstüberwindung macht er ein paar leichtsinnige und kindische Spielbewegungen, wie um die Täuschung hervorzurufen, als hielten seine Vorderpfoten Lebendiges. Und dann nimmt er ... den Stein, der diese Rolle zu spielen hat ins Maul. ...

Und der Hund legt den Stein vorsichtig hin wie etwas Zerbrechliches und seitwärts, um den Fremden nicht länger aufzuhalten.

Der geht auch wirklich und merkt in seiner Versunkenheit erst später, daß der Hund ihn begleitet, unauffällig, anhänglich, ohne eigene Meinung, wie ein Hund seinem Herrn nachgeht. ...

Nein, sagt er, nein; nicht so. ... Deine Natur hat die Neigung, sich unter meine zu ordnen. Dabei wächst schließlich eine Verantwortung an, die ich nicht übernehmen kann. Du würdest gar nicht merken, wie dein ganzes Vertrauen sich auf mich stellt; du würdest mich überschätzen und von mir erwarten, was ich nicht leisten kann. Du würdest mich beobachten und gutheißen, auch was nicht gut ist. ... Und wenn du eines Tages traurig bist und klagst – werd ich dir helfen können? – Und du sollst nicht meinen, daß *ich* es bin, der dich sterben läßt. Nein, nein, nein. Geh, ich bitte dich: geh.

Und der Mann begann zu laufen, und es sah aus, als ob er vor etwas flüchtete. Erst allmählich mäßigte sich sein Schritt, und schließlich ging er langsamer als vorher.

Er dachte langsam: Was wohl sonst heute gesprochen worden wäre zwischen uns. Und wie man sich zum Schluß die Hand gereicht hätte –.

Eine unbeschreibliche Sehnsucht regt sich in ihm. Er bleibt stehen und wendet sich rückwärts. Aber das Stück Weg biegt gleich hinter ihm in die Dämmerung hinein, die inzwischen eingebrochen ist, und es ist niemand zu sehen.

Ich habe ein kleines weißes Kaninchen gehabt, das ganz zahm war und nie sein konnte ohne mich. Und dann wurde es krank … und starb. … Man soll kein Tier an sich gewöhnen. … Ein fortwährendes Versagen ist unser Teil bei diesem Verkehr. Und es ist bei den Menschen nicht anders, nur daß da immer beide schuldig werden, einer am andern.

*(aus: Der Totengräber)*

# Vom Missverständnis der Worte

Man wird einmal aufhören müssen, *das Wort* zu überschätzen. … Man wird fühlen, daß wir in Worten nie ganz aufrichtig sein können. … Man wird es deshalb aufgeben, von den Worten Aufschlüsse über die Seele zu erwarten.

*(aus: Der Wert des Monologes)*

Ich habe nicht an jene einsamen Worte gedacht, in welche gehüllt, große Vergangenheiten unter uns leben wie Zeitgenossen. Das Wort des Verkehrs, das kleine, tägliche, bewegliche, habe ich beobachtet, das im Leben wirkt oder doch zu wirken scheint. … An dieses Wort denke ich, wenn ich behaupte, die Seele hätte nicht Raum in ihm. Ja es scheint mir geradezu, als wären Worte solcherart vor den Menschen wie Mauern. … Gedenken Sie der Liebenden, die sich in den Tagen des Findens mit Worten voneinanderdrängen, ehe sie sich erkennen im ersten Schweigsamsein. Frage jeder sich selbst, ob auf den Höhepunkten seines Lebens Worte stehen?

*(aus: Noch ein Wort über den ‚Wert des Monologes')*

Ich fürchte mich so vor der Menschen Wort.
Sie sprechen alles so deutlich aus:
Und dieses heißt Hund und jenes heißt Haus,
und hier ist Beginn, und das Ende ist dort.

Mich bangt auch ihr Sinn, ihr Spiel mit dem Spott,
sie wissen alles, was wird und war;
kein Berg ist ihnen mehr wunderbar;
ihr Garten und Gut grenzt grade an Gott.

Ich will immer warnen und wehren: Bleibt fern.
Die Dinge singen hör ich so gern.
Ihr rührt sie an: sie sind starr und stumm.
Ihr bringt mir alle die Dinge um.

Die armen Worte, die im Alltag darben,
die zagen, blassen Worte, lieb ich so.
Aus meinen Festen schenk ich ihnen Farben,
da lächeln sie und werden langsam froh.

Sie wärmen sich die weißen Winterwangen
am Wunder, welches ihrem Weh geschieht;
sie sind noch niemals im Gesang gegangen
und schauernd schreiten sie in meinem Lied.

„Sie haben Ihre Mutter lieb gehabt?"
„O ja. Aber wir waren sehr arm. Wir haben nie Zeit gehabt, es uns zu sagen. – Ich glaube, sie hat es nie gewußt."

*(aus: Die Letzten)*

Ich vergaß, Ulla etwas zu sagen, das sie vielleicht hätte wissen sollen. Ich vergaß, ihr zu sagen, daß ich sie liebte.

*(aus: Karin Michaelis)*

## LIED

Du, der ichs nicht sage, daß ich bei Nacht
weinend liege,
deren Wesen mich müde macht
wie eine Wiege.
Du, die mir nicht sagt, wenn sie wacht
meinetwillen:
wie, wenn wir diese Pracht
ohne zu stillen
in uns ertrügen?
– – – – – –
Sieh dir die Liebenden an,
wenn erst das Bekennen begann,
wie bald sie lügen.
– – – – – –
Du machst mich allein. Dich einzig kann ich vertauschen.
Eine Weile bist dus, dann wieder ist es das Rauschen,
oder es ist ein Duft ohne Rest.
Ach, in den Armen hab ich sie alle verloren,
du nur, du wirst immer wieder geboren:
weil ich niemals dich anhielt, halt ich dich fest.

*(aus: Die Aufzeichnungen des Malte Laurids Brigge)*

Oft fühl ich in scheuen Schauern,
wie tief ich im Leben bin.
Die Worte sind nur die Mauern.
Dahinter in immer blauern
Bergen schimmert ihr Sinn.

Ich weiß von keinem die Marken,
aber ich lausch in sein Land.
Hör an den Hängen die Harken
und das Baden der Barken
und die Stille am Strand.

Die Rosen heißen *Marie Baumann* oder *Madame Testout* oder *Gräfin von Camondo* oder *Emotion*, aber das ist beinahe überflüssig. Sie wissen ihre Namen nicht. Man hängt ihnen ein kleines Holztäfelchen an, und sie nehmen es nicht ab. Das ist alles. Die Menschen aber wissen ihre Namen; sie interessieren sich dafür, wie sie heißen, sie lernen sie sorgfältig auswendig und sagen sie jedem, der danach fragt. Sie ernähren sie sozusagen ihr ganzes Leben und werden ihnen am Ende sehr ähnlich, zum Verwechseln bis auf eine Kleinigkeit –

*(aus: Aus dem Traumbuch)*

# Von der Einsamkeit

Was not tut, ist doch nur dieses: Einsamkeit,
große innere Einsamkeit. In-sich-Gehen und Stunden
lang niemandem begegnen, – das muß man erreichen
können. Einsam-sein, wie man als Kind einsam war,
als die Erwachsenen umhergingen, mit Dingen verflochten,
die wichtig und groß schienen, weil die Großen so geschäftig
aussahen und weil man von ihrem Tun nichts begriff.

*(aus: Aus Rainer Maria Rilkes Briefen an einen jungen Dichter)*

Ich will auch keinen Brief mehr schreiben.
Wozu soll ich jemandem sagen, daß ich mich verändere? …
Und an fremde Leute, an Leute, die mich nicht kennen,
kann ich unmöglich schreiben.

*(aus: Die Aufzeichnungen des Malte Laurids Brigge)*

Der Tag entschlummert leise, –
ich walle menschenfern …
Wach sind im weiten Kreise
ich – und ein bleicher Stern.

Sein Auge lichtdurchwoben
ruht flimmernd hell auf mir,
er scheint am Himmel droben
so einsam, wie ich hier …

Das sind die Stunden, da ich mich finde.
Dunkel wellen die Wiesen im Winde,
allen Birken schimmert die Rinde,
und der Abend kommt über sie.

Und ich wachse in seinem Schweigen,
möchte blühen mit vielen Zweigen,
nur um mit allen mich einzureigen
in die einige Harmonie …

## IM ERKERSTÜBCHEN

Nicht zu sehn das Alltagstreiben,
flieh ich – wie wenn ich ein Strauß wär –
in das alte, alte Haus her;
lang dann seh ich nicht hinaus mehr
durch die breit verbleiten Scheiben.

Schlichtheit war der Väter Aussaat,
Glück die Frucht, die sie gefunden;
sitz so träumend manche Stunden
dort im Polsterstuhl, im runden,
mitten in Urväterhausrat.

Du meine heilige Einsamkeit,
du bist so reich und rein und weit
wie ein erwachender Garten.
Meine heilige Einsamkeit du –
halte die goldenen Türen zu,
vor denen die Wünsche warten.

Ich liebe meines Wesens Dunkelstunden,
in welchen meine Sinne sich vertiefen;
in ihnen hab ich, wie in alten Briefen,
mein täglich Leben schon gelebt gefunden
und wie Legende weit und überwunden.

Aus ihnen kommt mir Wissen, daß ich Raum
zu einem zweiten zeitlos breiten Leben habe.
Und manchmal bin ich wie der Baum,
der, reif und rauschend, über einem Grabe
*den* Traum erfüllt, den der vergangne Knabe
(um den sich seine warmen Wurzeln drängen)
verlor in Traurigkeiten und Gesängen.

Es ist noch Tag auf der Terrasse.
Da fühle ich ein neues Freuen:
Wenn ich jetzt in den Abend fasse,
ich könnte Gold in jede Gasse
aus meiner Stille niederstreuen.

Ich bin jetzt von der Welt so weit.
Mit ihrem späten Glanz verbräme
ich meine ernste Einsamkeit.

Mir ist, als ob mir irgend wer
jetzt leise meinen Namen nähme,
so zärtlich, daß ich mich nicht schäme
und weiß: ich brauche keinen mehr.

Es giebt Abende, an denen
alle sich zu kennen glaubten,
wenn wir uns nicht mehr behaupten
und nur leise die umlaubten
Stirnen an das Leben lehnen.

Alle sind wir dieser einen
dunkeln Sehnsucht übervoll;
und sie weiß nicht, ob sie weinen,
oder einsam an den Rainen
blauer Träume bleiben soll.

Wenn es nur einmal so ganz stille wäre.
Wenn das Zufällige und Ungefähre
verstummte und das nachbarliche Lachen,
wenn das Geräusch, das meine Sinne machen,
mich nicht so sehr verhinderte am Wachen –:

Dann könnte ich in einem tausendfachen
Gedanken bis an deinen Rand dich denken
und dich besitzen (nur ein Lächeln lang),
um dich an alles Leben zu verschenken
wie einen Dank.

Was reißt ihr aus meinen blassen, blauen
Stunden mich in der wirbelnden Kreise
wirres Geflimmer?
Ich mag nicht mehr euren Wahnsinn schauen.
Ich will wie ein Kind im Krankenzimmer
einsam, mit heimlichem Lächeln, leise,
leise – Tage und Träume bauen.

## DER EINSAME

Wie einer, der auf fremden Meeren fuhr,
so bin ich bei den ewig Einheimischen;
die vollen Tage stehn auf ihren Tischen,
mir aber ist die Ferne voll Figur.

In mein Gesicht reicht eine Welt herein,
die vielleicht unbewohnt ist wie ein Mond,
sie aber lassen kein Gefühl allein,
und alle ihre Worte sind bewohnt.

Die Dinge, die ich weither mit mir nahm,
sehn selten aus, gehalten an das Ihre –:
in ihrer großen Heimat sind sie Tiere,
hier halten sie den Atem an vor Scham.

Das ist die Sehnsucht: wohnen im Gewoge
und keine Heimat haben in der Zeit.
Und das sind Wünsche: leise Dialoge
täglicher Stunden mit der Ewigkeit.

Und das ist Leben. Bis aus einem Gestern
die einsamste von allen Stunden steigt,
die, anders lächelnd als die andern Schwestern,
dem Ewigen entgegenschweigt.

# Absetzbewegungen

Die Kindheit ist ein Land, ganz unabhängig von allem. ... da hatte jedes Ding einen besonderen Sinn, und es gab unzählbar viele Dinge. Und keines war mehr im Wert als ein anderes. Gerechtigkeit war über ihnen. Jedes durfte einmal das Einzige scheinen, durfte Schicksal sein: ein Vogel, der in der Nacht geflogen kam, und nun, schwarz und ernst, auf meinem Lieblingsbaum saß; ein Sommerregen, der den Garten verwandelte, so daß alles Grün Dunkelheit und Glanz bekam; ein Buch, in dessen Blättern eine Blume lag, Gott weiß von wem, – ein Kieselstein von fremder deutsamer Gestalt, – das alles war so, als ob man viel mehr davon wüßte, als die Großen. Es schien, als könnte man glücklich werden und groß durch jedes Ding ...

*(aus: Die Letzten)*

Wenn es Ihnen möglich ist, kehren Sie mit einem Teile Ihres entwöhnten und erwachsenen Gefühls zu irgend einem Ihrer Kinder-Dinge zurück, mit dem Sie viel umgingen. Gedenken Sie, ob es irgendetwas gab, was Ihnen näher, vertrauter und nötiger war, als so ein Ding. ... War es nicht ein Ding, mit dem Sie zuerst Ihr kleines Herz geteilt haben wie ein Stück Brot, das reichen mußte für zwei? ...
Dieser kleine vergessene Gegenstand, der alles zu bedeuten bereit war, machte Sie mit Tausendem vertraut, indem er tausend Rollen spielte, Tier war und Baum und König und Kind, – und als er zurücktrat, war das alles da. Dieses Etwas, so wertlos es war, hat Ihre Beziehungen zur Welt vorbereitet.

*(aus: Rodin)*

Ich finde Dich in allen diesen Dingen,
denen ich gut und wie ein Bruder bin, –
als Samen wärmst Du Dich in den geringen
und in den großen giebst Du reif Dich hin.

Das ist das wundersame Spiel der Kräfte,
daß sie so dienend durch die Dinge gehn:
in Wurzeln wachsend, schwindend in die Schäfte,
und in den Wipfeln wie ein Auferstehn.

Es ist ein enger Garten, von dem er alles weiß, *sein* Garten, seine stille, blühende und wachsende Wirklichkeit, in der alles von seiner Hand gesetzt und gelenkt ist und nichts geschieht, was seiner entbehren könnte. Die kleinste Blume, die da entstand, hat er zur Taufe gehalten und jeder Rose hat er die Mauer hinaufgeholfen zu dem Platze, wo sie lächeln und leben wollte.

Die Bäume, die draußen in der Heide stehen, sind ihm fremd wie die Menschen, die draußen wohnen; aber seiner Bäume Kindheit hat er Tag für Tag überwacht und hat teilgenommen an ihnen wie an Brüdern. …

Er ist der Gärtner dieses Gartens, wie man der Freund einer Frau ist: leise geht er auf seine Wünsche ein, die er selbst erweckt hat, und sie tragen ihn weiter, in dem er sie erfüllt. …

So lebt er sein Leben in den Garten hinein, und dort scheint es sich auf hundert Dinge zu verteilen und auf tausend Arten weiterzuwachsen. In diesen Garten schreibt er seine Gefühle und Stimmungen wie in ein Buch.

*(aus: Heinrich Vogeler)*

## AUS EINEM APRIL

Wieder duftet der Wald.
Es heben die schwebenden Lerchen
mit sich den Himmel empor, der unseren Schultern schwer war;
zwar sah man noch durch die Äste den Tag, wie er leer war, –
aber nach langen, regnenden Nachmittagen
kommen die goldübersonnten
neueren Stunden,
vor denen flüchtend an fernen Häuserfronten
alle die wunden
Fenster furchtsam mit Flügeln schlagen.

Dann wird es still. Sogar der Regen geht leiser
über der Steine ruhig dunkelnden Glanz.
Alle Geräusche ducken sich ganz
in die glänzenden Knospen der Reiser.

## VORFRÜHLING

Härte schwand. Auf einmal legt sich Schonung
an der Wiesen aufgedecktes Grau.
Kleine Wasser ändern die Betonung.
Zärtlichkeiten, ungenau,

greifen nach der Erde aus dem Raum.
Wege gehen weit ins Land und zeigens.
Unvermutet siehst du seines Steigens
Ausdruck in dem leeren Baum.

## VOR DEM SOMMERREGEN

Auf einmal ist aus allem Grün im Park
man weiß nicht was, ein Etwas, fortgenommen;
man fühlt ihn näher an die Fenster kommen
und schweigsam sein. Inständig nur und stark

ertönt aus dem Gehölz der Regenpfeifer,
man denkt an einen Hieronymus:
so sehr steigt irgend Einsamkeit und Eifer
aus dieser einen Stimme, die der Guß

erhören wird. Des Saales Wände sind
mit ihren Bildern von uns fortgetreten,
als dürften sie nicht hören was wir sagen.

Es spiegeln die verblichenen Tapeten
das ungewisse Licht von Nachmittagen,
in denen man sich fürchtete als Kind.

Leise von den Alleen
ergriffen, rechts und links,
folgend dem Weitergehen
irgend eines Winks,

trittst du mit einem Male
in das Beisammensein
einer schattigen Wasserschale
mit vier Bänken aus Stein;

in eine abgetrennte
Zeit, die allein vergeht.
Auf feuchte Postamente,
auf denen nichts mehr steht,

hebst du einen tiefen
erwartenden Atemzug;
während das silberne Triefen
von dem dunkeln Bug

dich schon zu den Seinen
zählt und weiterspricht.
Und du fühlst dich unter Steinen
die hören, und rührst dich nicht.

Vor lauter Lauschen und Staunen sei still,
du mein tieftiefes Leben;
daß du weißt, was der Wind dir will,
eh noch die Birken beben.

Und wenn dir einmal das Schweigen sprach,
laß deine Sinne besiegen.
Jedem Hauche gieb dich, gieb nach,
er wird dich lieben und wiegen.

Und dann meine Seele sei weit, sei weit,
daß dir das Leben gelinge,
breite dich wie ein Feierkleid
über die sinnenden Dinge.

Zu denen, die zu empfangen verstehen, kommt die Landschaft ins Haus und das Licht und ein Wind mit einem Duft auf den Schultern und viel anderes mehr.

*(aus: Geschichten vom lieben Gott)*

## BLAUE HORTENSIE

So wie das letzte Grün in Farbentiegeln
sind diese Blätter, trocken, stumpf und rauh,
hinter den Blütendolden, die ein Blau
nicht auf sich tragen, nur von ferne spiegeln.

Sie spiegeln es verweint und ungenau,
als wollten sie es wiederum verlieren,
und wie in alten blauen Briefpapieren
ist Gelb in ihnen, Violett und Grau;

Verwaschnes wie an einer Kinderschürze,
Nichtmehrgetragnes, dem nichts mehr geschieht:
wie fühlt man eines kleinen Lebens Kürze.

Doch plötzlich scheint das Blau sich zu verneuen
in einer von den Dolden, und man sieht
ein rührend Blaues sich vor Grünem freuen.

## DAS ROSEN-INNERE

Wo ist zu diesem Innen
ein Außen? Auf welches Weh
legt man solches Linnen?
Welche Himmel spiegeln sich drinnen
in dem Binnensee
dieser offenen Rosen,
dieser sorglosen, sieh:
wie sie lose im Losen
liegen, als könnte nie
eine zitternde Hand sie verschütten.
Sie können sich selber kaum
halten; viele ließen
sich überfüllen und fließen
über von Innenraum
in die Tage, die immer
voller und voller sich schließen,
bis der ganze Sommer ein Zimmer
wird, ein Zimmer in einem Traum.

Rose, oh reiner Widerspruch, Lust,
Niemandes Schlaf zu sein unter soviel Lidern.

*Der Grabspruch, den Rainer Maria Rilke sich bestimmt hat.*
*(aus: Das Inselschiff)*

## RÖMISCHE FONTÄNE

*Borghese*

Zwei Becken, eins das andre übersteigend
aus einem alten runden Marmorrand,
und aus dem oberen Wasser leis sich neigend
zum Wasser, welches unten wartend stand,

dem leise redenden entgegenschweigend
und heimlich, gleichsam in der hohlen Hand,
ihm Himmel hinter Grün und Dunkel zeigend
wie einen unbekannten Gegenstand;

sich selber ruhig in der schönen Schale
verbreitend ohne Heimweh, Kreis aus Kreis,
nur manchmal träumerisch und tropfenweis

sich niederlassend an den Moosbehängen
zum letzten Spiegel, der sein Becken leis
von unten lächeln macht mit Übergängen.

## DER PANTHER

*Im Jardin des Plantes, Paris*

Sein Blick ist vom Vorübergehn der Stäbe
so müd geworden, daß er nichts mehr hält.
Ihm ist, als ob es tausend Stäbe gäbe
und hinter tausend Stäben keine Welt.

Der weiche Gang geschmeidig starker Schritte,
der sich im allerkleinsten Kreise dreht,
ist wie ein Tanz von Kraft um eine Mitte,
in der betäubt ein großer Wille steht.

Nur manchmal schiebt der Vorhang der Pupille
sich lautlos auf –. Dann geht ein Bild hinein,
geht durch der Glieder angespannte Stille –
und hört im Herzen auf zu sein.

## IM ALTEN HAUSE

Im alten Hause; vor mir frei
seh ich ganz Prag in weiter Runde;
tief unten geht die Dämmerstunde
mit lautlos leisem Schritt vorbei.

Die Stadt verschwimmt wie hinter Glas.
Nur hoch, wie ein behelmter Hüne,
ragt klar vor mir die grünspangrüne
Turmkuppel von Sankt Nikolas.

Schon blinzelt da und dort ein Licht
fern auf im schwülen Stadtgebrause. –
Mir ist, daß in dem alten Hause
jetzt eine Stimme ‚Amen' spricht.

## DER HRADSCHIN

Schau so gerne die verwetterte
Stirn der alten Hofburg an;
schon der Blick des Kindes kletterte
dort hinan.

Und es grüßen selbst die eiligen
Moldauwellen den Hradschin,
von der Brücke sehn die Heiligen
ernst auf ihn.

Und die Türme schaun, die neueren,
alle zu des Veitsturms Knauf
wie die Kinderschar zum teueren
Vater auf.

## EINGANG

Wer du auch seist: am Abend tritt hinaus
aus deiner Stube, drin du alles weißt;
als letztes vor der Ferne liegt dein Haus:
wer du auch seist.
Mit deinen Augen, welche müde kaum
von der verbrauchten Schwelle sich befrein,
hebst du ganz langsam einen schwarzen Baum
und stellst ihn vor den Himmel: schlank, allein.
Und hast die Welt gemacht. Und sie ist groß
und wie ein Wort, das noch im Schweigen reift.
Und wie dein Wille ihren Sinn begreift,
lassen sie deine Augen zärtlich los ...

Vielen, die das Glück täglich von außen erwarten, fehlt nur der Zuruf, der sie ermahnt, in sich selbst zu sehen; sie würden dort in jedem Augenblick Glücksmöglichkeiten entdecken, deren Schönheit und Köstlichkeit alles übertrifft, was sie je von einem kommenden Glücke erwartet haben.

*(aus: Maurice Maeterlinck)*

Manchmal gehe ich an kleinen Läden vorbei in der rue de Seine etwa. Händler mit Altsachen oder kleine Buchantiquare oder Kupferstichverkäufer mit überfüllten Schaufenstern. Nie tritt jemand bei ihnen ein, sie machen offenbar keine Geschäfte. Sieht man aber hinein, so sitzen sie, sitzen und lesen, unbesorgt; sorgen nicht um morgen, ängstigen sich nicht um ein Gelingen, haben einen Hund, der vor ihnen sitzt, gut aufgelegt, oder eine Katze, die die Stille noch größer macht, indem sie die Bücherreihen entlang streicht, als wischte sie die Namen von den Rücken.

Ach, wenn das genügte: ich wünschte manchmal, mir so ein volles Schaufenster zu kaufen und mich mit einem Hund dahinterzusetzen für zwanzig Jahre.

*(aus: Die Aufzeichnungen des Malte Laurids Brigge)*

Ich sitze und lese einen Dichter. Es sind viele Leute im Saal, aber man spürt sie nicht. Sie sind in den Büchern. Manchmal bewegen sie sich in den Blättern, wie Menschen, die schlafen und sich umwenden zwischen zwei Träumen. Ach, wie gut ist es doch, unter lesenden Menschen zu sein.

*(aus: Die Aufzeichnungen des Malte Laurids Brigge)*

Diese Bücher – diese vielen großen Bücher! Und er liest so lange. Jede Nacht bis eins oder zwei. Er lebt zwei Leben. Eines nach vorn und eines tief zurück in die Vergangenheit.

*(aus: Die Letzten)*

## DER LESER

Wer kennt ihn, diesen, welcher sein Gesicht
wegsenkte aus dem Sein zu einem zweiten,
das nur das schnelle Wenden voller Seiten
manchmal gewaltsam unterbricht?

Selbst seine Mutter wäre nicht gewiß,
ob *er* es ist, der da mit seinem Schatten
Getränktes liest. Und wir, die Stunden hatten,
was wissen wir, wieviel ihm hinschwand, bis
er mühsam aufsah: alles auf sich hebend,
was unten in dem Buche sich verhielt,
mit Augen, welche, statt zu nehmen, gebend
anstießen an die fertig-volle Welt:
wie stille Kinder, die allein gespielt,
auf einmal das Vorhandene erfahren;
doch seine Züge, die geordnet waren,
blieben für immer umgestellt.

Ein Lied, ... ein Bild, ... ein Gedicht, das Sie lieb haben, das alles hat seinen Wert und seine Bedeutung. Ich meine für den, der es zum ersten Mal macht, und für den, der es zum zweiten Mal macht: für den Künstler und für den wahrhaft Schauenden. Denn es ist so: der Bildhauer zum Beispiel macht seine Statue für sich, ... aber ... er schafft außerdem Raum für sie in der Welt neben den anderen Dingen; und nur, wer imstande ist, das Bild innerhalb dieses Raumes aus eigener Kraft zu wiederholen, der hat es in Wahrheit ...

Diese Dinge also, Lied und Gedicht und Bild, sind anders als die anderen Dinge. ... Sie *sind* nicht. Sie *werden* jedesmal wieder. Darum geben sie die Freude, die unendliche. Diese Macht. Dieses Bewußtsein von unerschöpflichen Schätzen, das sonst von nirgends kommt. Darum heben sie hinauf. Ja, das tun sie. Sie heben uns – hoch – bis zu Gott.

*(aus: Im Gespräch)*

Im dunklen Dichter wiederholt sich still
ein jedes Ding: ein Stern, ein Haus, ein Wald.

*(aus dem Gedicht: Der Sänger singt vor einem Fürstenkind. Dem Andenken von Paula Becker-Modersohn)*

# Geborgenheit

O Nacht ohne Gegenstände. ... O Stille im Stiegenhaus. Stille aus den Nebenzimmern, Stille hoch oben an der Decke. O Mutter: o du Einzige. ... Du zündest ein Licht an, und schon das Geräusch bist du. Und du hältst es vor dich und sagst: ich bin es, erschrick nicht. Und du stellst es hin, langsam, und es ist kein Zweifel: du bist es, du bist das Licht um die gewohnten herzlichen Dinge, die ohne Hintersinn da sind, gut, einfältig, eindeutig.
Und wenn es unruhig in der Wand irgendwo, oder einen Schritt macht in den Dielen: so lächelst du nur, lächelst, lächelst durchsichtig auf hellem Grund in das bangsame Gesicht, das an dir forscht. ... Gleicht eine Macht deiner Macht? ... Du aber kommst und hältst das Ungeheuere hinter dir und bist ganz und gar vor ihm, ... als hättest du es überholt auf den Ruf hin, der dich bedurfte, ... und hättest im Rücken nur dein Hereilen, ... den Flug deiner Liebe.

Ach, daß es das gab. So ein Wesen, vor dem die Türen ganz anders nachgeben als vor uns. Ja, nun konnten wir schlafen.

*(aus: Die Aufzeichnungen des Malte Laurids Brigge)*

So bin ich nur als Kind erwacht,
so sicher im Vertraun,
nach jeder Angst und jeder Nacht
Dich wieder anzuschaun.
Ich weiß, sooft mein Denken mißt:
wie tief, wie lang, wie weit, –
Du aber bist und bist und bist,
umzittert von der Zeit.

Mir ist, als wär ich jetzt zugleich
Kind, Knab und Mann und mehr,
ich fühle: nur der Ring ist reich
durch seine Wiederkehr.

Ich danke Dir, Du tiefe Kraft,
die immer leiser mit mir schafft
wie hinter vielen Wänden;
jetzt ward mir erst der Werktag schlicht
und wie ein heiliges Gesicht
zu meinen dunklen Händen.

Der Abend ist mein Buch. Ihm prangen
die Deckel purpurn in Damast;
ich löse seine goldnen Spangen
mit kühlen Händen, ohne Hast.

Und lese seine erste Seite,
beglückt durch den vertrauten Ton, –
und lese leiser seine zweite,
und seine dritte träum ich schon .....

## ZUM EINSCHLAFEN ZU SAGEN

Ich möchte jemanden einsingen,
bei jemandem sitzen und sein.
Ich möchte dich wiegen und kleinsingen
und begleiten schlafaus und schlafein.
Ich möchte der Einzige sein im Haus,
der wüßte: die Nacht war kalt.
Und möchte horchen herein und hinaus
in dich, in die Welt, in den Wald.
Die Uhren rufen sich schlagend an,
und man sieht der Zeit auf den Grund.
Und unten geht noch ein fremder Mann
und stört einen fremden Hund.
Dahinter wird Stille. Ich habe groß
die Augen auf dich gelegt;
und sie halten dich sanft und lassen dich los,
wenn ein Ding sich im Dunkel bewegt.

Wenn etwas mir vom Fenster fällt
(und wenn es auch das Kleinste wäre)
wie stürzt sich das Gesetz der Schwere
gewaltig wie ein Wind vom Meere
auf jeden Ball und jede Beere
und trägt sie in den Kern der Welt.

Ein jedes Ding ist überwacht
von einer flugbereiten Güte
wie jeder Stein und jede Blüte
und jedes kleine Kind bei Nacht.
Nur wir, in unsrer Hoffahrt, drängen
aus einigen Zusammenhängen
in einer Freiheit leeren Raum,
statt, klugen Kräften hingegeben,
uns aufzuheben wie ein Baum.
Statt in die weitesten Geleise
sich still und willig einzureihn,
verknüpft man sich auf manche Weise, –
und wer sich ausschließt jedem Kreise,
ist jetzt so namenlos allein.

Da muß er lernen von den Dingen,
anfangen wieder wie ein Kind,
weil sie, die Gott am Herzen hingen,
nicht von ihm fortgegangen sind.
Eins muß er wieder können: *fallen,*
geduldig in der Schwere ruhn,
der sich vermaß, den Vögeln allen
im Fliegen es zuvorzutun.

(Denn auch die Engel fliegen nicht mehr.
Schweren Vögeln gleichen die Seraphim,
welche um *ihn* sitzen und sinnen;
Trümmern von Vögeln, Pinguinen
gleichen sie, wie sie verkümmern ...)

## HERBST

Die Blätter fallen, fallen wie von weit,
als welkten in den Himmeln ferne Gärten;
sie fallen mit verneinender Gebärde.

Und in den Nächten fällt die schwere Erde
aus allen Sternen in die Einsamkeit.

Wir alle fallen. Diese Hand da fällt.
Und sieh dir andre an: es ist in allen.

Und doch ist Einer, welcher dieses Fallen
unendlich sanft in seinen Händen hält.

# Vom Abschiednehmen

Sei allem Abschied voran, als wäre er hinter dir,
wie der Winter, der eben geht.

*(aus: Die Sonette an Orpheus)*

## ABSCHIED

Wie hab ich das gefühlt was Abschied heißt.
Wie weiß ichs noch: ein dunkles unverwundnes
grausames Etwas, das ein Schönverbundnes
noch einmal zeigt und hinhält und zerreißt.

Wie war ich ohne Wehr, dem zuzuschauen,
das, da es mich, mich rufend, gehen ließ,
zurückblieb, so als wärens alle Frauen
und dennoch klein und weiß und nichts als dies:

Ein Winken, schon nicht mehr auf mich bezogen,
ein leise Weiterwinkendes –, schon kaum
erklärbar mehr: vielleicht ein Pflaumenbaum,
von dem ein Kuckuck hastig abgeflogen.

## SCHLAFLIED

Einmal wenn ich dich verlier,
wirst du schlafen können, ohne
daß ich wie eine Lindenkrone
mich verflüstre über dir?

Ohne daß ich hier wache und
Worte, beinah wie Augenlider,
auf deine Brüste, auf deine Glieder
niederlege, auf deinen Mund.

Ohne daß ich dich verschließ
und dich allein mit Deinem lasse
wie einen Garten mit einer Masse
von Melissen und Stern-Anis.

## VERGÄNGLICHKEIT

Flugsand der Stunden. Leise fortwährende Schwindung
auch noch des glücklich gesegneten Baus.
Leben weht immer. Schon ragen ohne Verbindung
die nicht mehr tragenden Säulen heraus.

Aber Verfall: ist er trauriger, als der Fontäne
Rückkehr zum Spiegel, den sie mit Schimmer bestaubt?
Halten wir uns dem Wandel zwischen die Zähne,
daß er uns völlig begreift in sein schauendes Haupt.

So laß uns Abschied nehmen wie zwei Sterne
durch jenes Übermaß von Nacht getrennt,
das eine Nähe ist, die sich an Ferne
erprobt und an dem Fernsten sich erkennt.

Einmal möcht ich dich wiederschauen,
Park, mit den alten Lindenalleen,
und mit der leisesten aller Frauen
zu dem heiligen Weiher gehn.

Schimmernde Schwäne in prahlenden Posen
gleiten leise auf glänzendem Glatt,
aus der Tiefe tauchen die Rosen
wie Sagen einer versunkenen Stadt.

Und wir sind ganz allein im Garten,
drin die Blumen wie Kinder stehn,
und wir lächeln und lauschen und warten,
und wir fragen uns nicht, auf wen ...

# Ahnung, Erwartung und letzte Dinge

## VORGEFÜHL

Ich bin wie eine Fahne von Fernen umgeben.
Ich ahne die Winde, die kommen, und muß sie leben,
während die Dinge unten sich noch nicht rühren:
die Türen schließen noch sanft, und in den Kaminen ist Stille;
die Fenster zittern noch nicht, und der Staub ist noch schwer.

Da weiß ich die Stürme schon und bin erregt wie das Meer.
Und breite mich aus und falle in mich hinein
und werfe mich ab und bin ganz allein
in dem großen Sturm.

Ich lebe grad, da das Jahrhundert geht.
Man fühlt den Wind von einem großen Blatt,
das Gott und Du und ich beschrieben hat
und das sich hoch in fremden Händen dreht.

Man fühlt den Glanz von einer neuen Seite,
auf der noch *Alles* werden kann.

Die stillen Kräfte prüfen ihre Breite
und sehn einander dunkel an.

## KLAGE

O wie ist alles fern
und lange vergangen.
Ich glaube, der Stern,
von welchem ich Glanz empfange,
ist seit Jahrtausenden tot.
Ich glaube, im Boot,
das vorüberfuhr,
hörte ich etwas Banges sagen.
Im Hause hat eine Uhr
geschlagen …
In welchem Haus? …
Ich möchte aus meinem Herzen hinaus
unter den großen Himmel treten.
Ich möchte beten.
Und einer von allen Sternen
müßte wirklich noch sein.
Ich glaube, ich wüßte,
welcher allein
gedauert hat, –
welcher wie eine weiße Stadt
am Ende des Strahls in den Himmeln steht …

Du Dunkelheit, aus der ich stamme,
ich liebe dich mehr als die Flamme,
welche die Welt begrenzt,
indem sie glänzt
für irgend einen Kreis,
aus dem heraus kein Wesen von ihr weiß.

Aber die Dunkelheit hält alles an sich:
Gestalten und Flammen, Tiere und mich,
wie sie's errafft,
Menschen und Mächte –

Und es kann sein: eine große Kraft
rührt sich in meiner Nachbarschaft.

Ich glaube an Nächte.

## FORTSCHRITT

Und wieder rauscht mein tiefes Leben lauter,
als ob es jetzt in breitern Ufern ginge.
Immer verwandter werden mir die Dinge
und alle Bilder immer angeschauter.
Dem Namenlosen fühl ich mich vertrauter:
Mit meinen Sinnen, wie mit Vögeln, reiche
ich in die windigen Himmel aus der Eiche,
und in den abgebrochnen Tag der Teiche
sinkt, wie auf Fischen stehend, mein Gefühl.

## NICHT JAUCHZEN, NICHT KLAGEN

Jauchze nicht, mein Herz, wenn flüchtig
dich berührt des Glückes Hauch …
Alles Irdische ist nichtig
und die Freude ist es auch.

Klage nicht, mein Herz, wenn quälend
dich ein wildes Weh umfing –
Sieh, vorüber geht das Elend,
wie das Glück vorüber ging!

Trage beides! Denn vorüber
geht die Freude, geht das Leid, –
kämpfe mutig dich hinüber
in den Schooß der Ewigkeit.

Wenn ich einmal im Lebensland,
im Gelärme von Markt und Messe –
meiner Kindheit erblühte Blässe:
meinen ernsten Engel vergesse –
seine Güte und sein Gewand,
die betenden Hände, die segnende Hand, –
in meinen heimlichsten Träumen behalten
werde ich immer das Flügelfalten,
das wie eine weiße Zypresse
hinter ihm stand …

## SCHLUSZSTÜCK

Der Tod ist groß.
Wir sind die Seinen
lachenden Munds.
Wenn wir uns mitten im Leben meinen,
wagt er zu weinen
mitten in uns.

## TODES-ERFAHRUNG

Wir wissen nichts von diesem Hingehn, das
nicht mit uns teilt. Wir haben keinen Grund,
Bewunderung und Liebe oder Haß
dem Tod zu zeigen, den ein Maskenmund

tragischer Klage wunderlich entstellt.
Noch ist die Welt voll Rollen, die wir spielen.
Solang wir sorgen, ob wir auch gefielen,
spielt auch der Tod, obwohl er nicht gefällt.

Doch als du gingst, da brach in diese Bühne
ein Streifen Wirklichkeit durch jenen Spalt
durch den du hingingst: Grün wirklicher Grüne,
wirklicher Sonnenschein, wirklicher Wald.

Wir spielen weiter. Bang und schwer Erlerntes
hersagend und Gebärden dann und wann
aufhebend; aber dein von uns entferntes,
aus unserm Stück entrücktes Dasein kann

uns manchmal überkommen, wie ein Wissen
von jener Wirklichkeit sich niedersenkend,
so daß wir eine Weile hingerissen
das Leben spielen, nicht an Beifall denkend.

## ENDE DES HERBSTES

Ich sehe seit einer Zeit,
wie alles sich verwandelt.
Etwas steht auf und handelt
und tötet und tut Leid.

Von Mal zu Mal sind all
die Gärten nicht dieselben;
von den gilbenden zu der gelben
langsamem Verfall:
wie war der Weg mir weit.

Jetzt bin ich bei den leeren
und schaue durch alle Alleen.
Fast bis zu den fernen Meeren
kann ich den ernsten schweren
verwehrenden Himmel sehn.

## ERINNERUNG

Und du wartest, erwartest das Eine,
das dein Leben unendlich vermehrt;
das Mächtige, Ungemeine,
das Erwachen der Steine,
Tiefen, dir zugekehrt.

Es dämmern im Bücherständer
die Bände in Gold und Braun;
und du denkst an durchfahrene Länder,
an Bilder, an die Gewänder
wiederverlorener Fraun.

Und da weißt du auf einmal: das war es.
Du erhebst dich, und vor dir steht
eines vergangenen Jahres
Angst und Gestalt und Gebet.

## HERBSTTAG

Herr: es ist Zeit. Der Sommer war sehr groß.
Leg deinen Schatten auf die Sonnenuhren,
und auf den Fluren laß die Winde los.

Befiehl den letzten Früchten voll zu sein;
gieb ihnen noch zwei südlichere Tage,
dränge sie zur Vollendung hin und jage
die letzte Süße in den schweren Wein.

Wer jetzt kein Haus hat, baut sich keines mehr.
Wer jetzt allein ist, wird es lange bleiben,
wird wachen, lesen, lange Briefe schreiben
und wird in den Alleen hin und her
unruhig wandern, wenn die Blätter treiben.

## ADVENT

Es treibt der Wind im Winterwalde
die Flockenherde wie ein Hirt,
und manche Tanne ahnt, wie balde
sie fromm und lichterheilig wird;
und lauscht hinaus. Den weißen Wegen
streckt sie die Zweige hin – bereit,
und wehrt dem Wind und wächst entgegen
der einen Nacht der Herrlichkeit.

## SONETT

O das Neue, Freunde, ist nicht dies,
daß Maschinen uns die Hand verdrängen.
Laßt euch nicht beirrn von Übergängen,
bald wird schweigen, wer das ‚Neue' pries.

Denn das Ganze ist unendlich neuer,
als ein Kabel und ein hohes Haus.
Seht, die Sterne sind ein altes Feuer,
und die neuern Feuer löschen aus.

Glaubt nicht, daß die längsten Transmissionen
schon des Künftigen Räder drehn.
Denn Aeonen reden mit Aeonen.

Mehr, als wir erfuhren, ist geschehn.
Und die Zukunft faßt das Allerfernste
rein in eins mit unserm innern Ernste.

Immer wieder, ob wir der Liebe Landschaft auch kennen
und den kleinen Kirchhof mit seinen klagenden Namen
und die furchtbar verschweigende Schlucht, in welcher die andern
enden: immer wieder gehn wir zu zweien hinaus
unter die alten Bäume, lagern uns immer wieder
zwischen die Blumen, gegenüber dem Himmel.

# Verzeichnis der Gedichtanfänge und Überschriften

# Anmerkungen

In diesem Buch sind Gedichte und Prosatexte von Rainer Maria Rilke zusammengestellt, die erstmals zwischen 1896 und 1927 veröffentlicht wurden. Sie folgen der Ausgabe ‚Sämtliche Werke', Band I bis VI. Rilkes ‚Briefe an einen jungen Dichter' und Rilkes Grabspruch werden zitiert nach ‚Das Inselschiff', 8. Jahrgang, 2. Heft, 1927.

# Inspiration

**Hör mal, ob dein Herz noch schlägt**
Leidenschaft statt Langeweile – prickelnde und sanfte Texte für Frauen
Hrsg. von Gabriele Hartlieb
Band 5002

Geschichten und Gedichte über Liebeslust, Arbeitswut, Stillwerden und Hingabe, von Gioconda Belli bis Ina Deter.

**Gelassenwerden**
Herausgegeben von Rudolf Walter
Band 5016

Die innere Gelassenheit wächst, wenn man ihr Raum gibt, wenn es gelingt, loszulassen, Vertrauen zu gewinnen, das Ganze zu sehen.

Jack Kornfield/Christina Feldman
**Geschichten, die der Seele gut tun**
Band 5013

Inspirierende Weisheitsgeschichten aus aller Welt, voll innerer Heiterkeit. Von zwei bekannten Meditationsmeistern im Blick auf heutige Fragen zusammengestellt.

Root Leeb
**Diesen Himmel schenk' ich dir**
Und viele wundersame Dinge mehr
Band 5015

Literarische und nachdenklich-heitere Texte erzählen von der Seelenlage der Schenkenden und Beschenkten, von der Welt der Gaben, die „ankommen".

**Laß dir Zeit**
Entdeckungen durch Langsamkeit und Ruhe
Band 5006
Hrsg. von Rudolf Walter

Die Autoren inspirieren dazu, sich wieder Zeit zu nehmen für das Leben: für Liebe und Zärtlichkeit, Trauer ebenso wie für Freude und Genuß.